맥주
소담🍺

맥주
소담

초판발행 2014년 10월 1일
초판 5쇄 2019년 1월 11일

지은이 권경민
펴낸이 채종준
기획 권오권
편집 백혜림
디자인 이명옥
마케팅 황영주

펴낸곳 한국학술정보(주)
주소 경기도 파주시 회동길 230(문발동 513-5)
전화 031) 908-3181(대표)
팩스 031) 908-3189
홈페이지 http://ebook.kstudy.com
E-mail 출판사업부 publish@kstudy.com
등록 제일산-115호(2000.6.19)

ISBN 978-89-268-6687-0 13690

이담 Books 는 한국학술정보(주)의 지식실용서 브랜드입니다.

오늘을
즐기는
당신을
위하여

맥주
소담

비어 소믈리에
권경민 지음

이담
Books

BEER!
CHEERS!

맥주는
언제, 어느 자리에서, 누구와 함께하든
격식 차리지 않고 부담 없이 즐길 수 있는
매력적인 술이다

저자가 90년대 처음 미국에서의 유학 생활을 시작했던 곳은 유타Utah주였다. 유타주의 솔트레이크 시티Salt Lake City에서 본격적으로 미국 생활을 시작했는데, 모두가 다 잘 알다시피 그곳은 몰몬교mormons의 영향으로 술에 대해 상당히 엄격하고 술을 파는 펍pub을 찾는 것도 쉽지 않은 곳이다. 그 당시 마트에서 파는 맥주조차도 유타주에 들어오는 것들은 희석을 시켜 알코올 도수가 거의 3도대의 맥주들이 대부분이었다.

학기 중에 학교에서 그리 멀지 않은 곳에서 어렵게 발견한 펍이 있었다. 유학생친구들과 처음 그곳에 갔을 때 메뉴판을 받고 당황했던 경험이 있다. 메뉴판의 대부분이 탭 비어들로 가득 했고 안주라고는 찾아보기 힘들었다. 당시만 해도 우리나라에서는 메뉴판의 절반 이상이 안주였고 뒤페이지에 병맥주 얼마, 생맥주 얼마라고 적혀 있던 시절이었으니, 나로서는 상당한 문화 충격이었다. 그런데 그곳에서 처음 맛보았던, 지금은 이름도 기억나지 않는 은은한 꿀맛이 나는 밀 맥주의 놀라움과 감동은 지금도 생생하다. 국내에서는 하이트가 맥주 애호가들에게 신선한 충격을 주며 맥주시장을 석권하고 있었던 때였고 하이트가 최고의 맥주인 줄 알았던 20대 청년에게 그 펍에서의 기억은 너무나 새롭고 황홀한 경험을 안겨주기에 충분했다.

그날을 계기로 다양한 맥주를 접하고 마시기 시작했다. 미국과 스위스에서의 10여 년 동안의 해외 생활을 포함하여, 지금까지 어림잡아 600~700가지의 맥주를 마셔보았는데 다행히도(?) 입맛이 그리 고급스럽지 못해 고가의 벨기에 트라피스트 맥주들은 입맛에 잘 맞지 않는다. 우리나라도 몇 년 전부터 대형마트들을 중심으로 다양한 수입 맥주들이 소개되고 있다. 힐인행시 등을 통해 수입 맥주의 문턱이 많이 낮아졌고, 날이 갈수록 수입 맥주의 인기가 가파르게 상승하고 있는 중이다.

저자는 맥주를 전공한 브루마스터Brew Master는 아니다. 다만 맥주가 좋아서 많은 맥주를 마셔보았고 즐기고 있으며, 온라인에서 맥주를 중심으로 교류하는 국내에서 가장 활성화된 온·오프라인 맥주 커뮤니티인 '맥주야놀지' 네이버 카페를 운영하면서 다양한 맥주를 마셔 봤기에, 맥주 입문자들을 위한 어렵지 않은, 쉽고 부담 없이 접근할 수 있는 입문서가 필요하다고 느껴 책을 쓰게 되었다. 일반 국내 맥주를 즐기다가 이제 막 수입 맥주의 세계로 입문하는 이들에게 조금이나마 도움을 주고 싶었다.

맥주는 자신이 좋아하는 맥주가 세상에서 제일 좋은 맥주라고 생각한다. 고가에, 이름도 어려운 맥주를 마셔야만 맥주 애호가라고 여긴다면 큰 착각이다. 우리 민족은 참으로 공부에 무슨 한이 맺혀 있는 것 마냥 뭐든 공부와 연결하려고 한다. 맥주를 마시면서까지 공부할 필요는 전혀 없다. 단지 즐겁고 맛있게 맥주와 맥주문화를 즐기면 되는 것이다. 고가의 희소 맥주를 마시며 우쭐하고, 다른 이들이 즐기는 맥주를 비하하는 협소하고 왜곡된 문화는 지양했으면 하는 바람이다.

여러모로 부족한 저자가 이제 막 다양한 맥주의 세계로 입문하는 이들을 위해 책을 쓸 수 있도록 도와준 이담북스, '맥주야놀자' 맥주동호회 회원분들, 아낌없는 후원을 해주신 맥주 수입사 관계자분들, 촬영에 도움을 주신 모든 펍 관계자분들께 감사의 말씀을 드린다. 특히 처음부터 끝까지 옆에서 전적으로 지원해 주고 믿고 힘이 되어준 아내에게 진심 어린 감사의 마음을 전한다.

끝으로 이 책의 판매 후 저자에게 돌아오는 소정의 인세는 전액 소년소녀가장들을 위해 사용될 예정이다. 보다 많은 분들의 도움의 손길이 이어져 그 기쁨이 조금이라도 더 커질 수 있기를 바라본다.

비어 소믈리에 권 정 민

이 책을 보는 방법

오늘을 즐기는 당신을 위해 〈맥주소담〉 구성에 관한 짤막한 소개를 준비했어요. 즐거운 펍 기행과 환상의 비어-푸드 페어링을 위한 설명을 읽고 최고의 시간 보내세요!

어디에 있지?
지역별 펍의 위치를 한 눈에 볼 수 있게 지도에 표시했어요.

고유 아이콘 파악하기
펍의 분위기와 특성에 맞는 약속 혹은 모임을 알려주고 있어요.

❤ 연인   友 친구   👪 가족   👔 동료

펍 방문 전 기본 정보를 파악해 두는 센스, 반드시 확인하고 찾아가도록 하세요.

🏠 위치   ☎ 전화번호   🚋 교통
🕐 영업시간   🅿 주차

에뉴판 주세요
펍에서 제공하고 있는 맥주 리스트와 인기 있는 요리 메뉴에요.

🍾 주류   🍴 요리

QR코드가 뿅!
펍의 지도와 웹사이트를 QR코드로 제공하고 있어요.
주의 스캔 시 바코드 인식 화면에 하나의 QR코드만 들어오도록 해 주세요.

재밌는 맥주 이야기
맥주를 더 맛있게 해줄 맥주에 관한 여러 가지 상식과 궁금증을 중간중간 싣고 있어요.

오감으로 즐기는 맥주

01

Nice to "meat" you

맛있게 냠냠~
맥주의 풍미를 더욱 살려줄 최고의 요리들을 4종류(고기, 해산물, 피자 & 파스타, 야채)로 구분해 소개하고 있어요.

매운 해산물 볶음

환상의 짝꿍!
각 요리와 최고의 페어링을 이루고 있는 다양한 수입 맥주에 관한 정보랍니다.

맥주,
이것만은 알고 마시자

맥주가 뭐지? 맥주가 맥주지!

맥주는 우리 주변에서 언제, 어디서든 손쉽게 접할 수 있고, 다양한 맛과 멋을 부담 없이 즐길 수 있는 알코올음료다. 하지만 누군가 "맥주가 뭐지? 맥주가 뭐야?"라고 물어보면 순간 말문이 막힐 수 있다. 맥주 전문가처럼은 아닐지라도 적어도 맥주를 즐기는 이라면, 맥주에 대한 최소한의 상식은 알고 마시자.

맥주는 싹 틔운 보리인 맥아를 기계로 분쇄한 뒤, 홉과 물을 첨가해 당화시킨 맥아즙에 효모를 넣어 발효·숙성시켜 만든 탄산이 함유된 알코올음료를 말한다. 간단히 말하자면, 보리와 홉이 주원료인 알코올음료가 바로 맥주다.

맥주 하면 바로 떠오르는 나라들은 독일, 벨기에, 체코, 영국, 아일랜드, 미국, 그리고 일본 등이 있는데, 최근에는 미국식의 자극적이고 실험적인 맥주들이 인기를 끌면서 유럽에서도 전통적인 방법을 고수하기보다 새로운 소비자 트렌드를 쫓아가는 맥주들을 선보이고 있다.

맥주의 유래에 대해서는 다양한 학설이 존재한다. 분명한 것은 맥주의 유래는 인류 문명의 유래만큼이나 오랜 역사를 가진다. 고대 메소포타미아, 이집트에서 시작해 중세에는 유럽 수도원을 중심으로 많은 맥주를 생산했으며, 19세기로 넘어오면서 냉장 보관시설의 발명, 열처리 멸균법의 발견, 효모 배양기술의 발달로 인해 맥주의 본격적인 대량생산과 품질향상이 가능해졌다.

우리나라에서는 1933년에 대일본맥주㈜에 의해 처음으로 맥주가 생산되기 시작했으며, 두 대기업이 국내 맥주시장의 98% 이상을 장악하는 기이한 형태로 발전하게 되었다. 그러던 것이 최근 주세법酒稅法이 일부 개정돼 소규모 맥주제조자의 과중한 세 부담이 줄어들어, 외부 유통을 통해 소비자의 다양한 기호를 충족시킬 수 있는 여러 종류의 맥주 생산 환경이 만들어지면서 맥주를 접할 통로가 열리게 되었다.

맥주는 와인과 달리 반드시 맥주의 원료인 보리나 홉의 생산지에서 만들어져야 할 필요는 없다. 와인을 만들기 위해서는 신선한 포도가 필요하지만, 맥주를 만들기 위한 보리와 홉은 건조된 상태로 유통이 되기 때문에 유통과정에서 발효나 변질될 우려가 없어 수입된 재료를 가지고 독특한 레시피로 자신만의 고유한 맥주를 만들어 낼 수 있다. 그렇다면 우리나라도 여느 맥주 강국 못지않게 맥주시장을 확대하고 질 좋은 맥주를 생산해 맥주의 본고장으로 수출할 수도 있는 일이다.

맥주의 제조 과정

맥주의 원료

맥주의 주원료는 기본적으로 물·맥아·홉·효모이며, 지역이나 맥주 제조사에 따라 옥수수, 쌀, 밀, 수수, 귀리, 당류, 소량의 향신료 등이 부수적으로 사용될 때도 있다.

• 물

맥주의 원료 중 가장 많은 퍼센트를 차지하는 물은 맥주의 맛을 결정짓는 중요한 원료 중 하나로 특정 지역의 물 때문에 그 지역을 대표하는 맥주가 생산되기도 한다. 예를 들어 아일랜드 더블린 지역의 칼슘과 마그네슘의 함량이 높은 경수로 만든 스타우트 맥주 기네스는 주문자 상표 부착 방식(OEM) 방식이나 라이선스 계약에 의해 타 지역에서 만들어진 맥주와 같은 레시피를 사용한다 해도 그 맛에 있어서 확연히 차이가 난다.

• 맥아

맥아는 보리에 물을 넣어 발아시켜 아밀라아제를 생성시킨 맥주의 주원료다. 맥주의 맛을 좌우하는 결정적인 재료로 맥아의 종류, 건조 방법, 사용량 등에 따라 다양한 맥주의 특성을 나타낼 수 있다.
국내의 경우 그동안은 맥아 함량이 67.7% 이상이어야 맥주로 분류되었던 것이, 주세법 개정으로 맥주에 맥아가 10% 이상만 함유돼도 맥주로 분류되는 어처구니없는 일이 벌어졌다.

이에 국내의 양대 맥주 제조업체에서는 가격이 저렴하고 원료 수급이 용이한 옥수수나 쌀 등의 기타 곡물을 맥아와 함께 사용한 맥주만을 생산했었다.

지금은 '오비 골든라거'나 '맥스올몰트' 등 맥아 100%로 만든 맥주가 생산되고 있지만, 다른 제품들은 얼마만큼의 맥아가 들어 있는지조차도 영업 비밀이라는 명목하에 소비자들은 알지도 못하고 마시고 있는 것이다. 맥주순수령에 의거해 제조하는 독일의 라거 맥주는 100% 맥아만을 사용하도록 법으로 정해져 오랜 세월 그들의 자부심으로 지키고 있는데 이들과 비교하면 참으로 안타까운 일이 아닐 수 없다.

• 홉

홉은 뽕나무과의 덩굴식물인데 홉의 암꽃만을 맥주 제조에 사용하며, 맥주의 아로마와 쌉쌀한 맛을 결정하는 핵심적인 재료다. 주로 독일과 체코에서 많이 재배된다. 홉은 맥아즙의 단백질을 침전시키는 역할을 하고 세균의 번식을 억제해 맥주를 오래 보관할 수 있도록 도와준다.

• 효모

효모는 맥주 발효 시 맥아당을 알코올과 탄산가스로 만드는 역할을 하는데, 효모 또한 맥주의 맛을 크게 좌우하는 요소다. 최근에는 효모의 피로회복, 면역력 강화, 피부미용, 탈모 예방 등의 효과가 알려지면서 인기 있는 건강 보조제로도 나오고 있다.

맥주의 성분 및 열량

탄산 0.3~0.6%
탄수화물 3~4.5%
알코올 3~5%
수분 89~91%

43kcal/100mL
152.65kcal/355mL

맥주의 성분을 보면 수분 89~91%, 알코올 3~5%, 탄수화물 3~4.5%, 탄산 0.3~0.6% 정도다. 열량은 100mL당 43kcal로, 화이트 와인(84kcal)의 절반 수준이고, 오렌지 주스(100mL당 53kcal)보다 더 낮다. 맥주 355mL 한 캔을 마시면 152.65kcal인 셈이다. 소주 1병을 마시면 20도 소주 기준으로 약 403kcal가 나온다.

그러니 이제부터 다이어트는 하고 싶은데 알코올이 당긴다면, 소주나 와인 말고 맥주를 마시도록 하자.

CONTENTS

1차 크래프트 비어 펍 Craft Beer Pub
단 하나의 펍 기행

01 한강 아랫동네 펍 기행

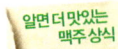 맥주 용어 Ⅰ • 082

02 한강 윗동네 펍 기행

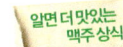
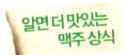
03 서울 주변 펍 기행

2차 비어-푸드 페어링 Beer-Food Pairings

그 맥주의 소울푸드

01 Nice to "meat" you

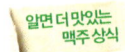

02 바다에 그만 빠져버릴 것 같아

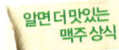

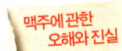

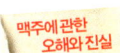
● 본서 마지막에 쿠폰이 수록되어 있습니다.

펍은 'Public House'의 준말로,
대중적인 장소를 뜻한다.
영국의 대표적인 문화로
간단한 식사를 하고 맥주를 즐기며
만남을 가졌던 데서
펍 문화가 시작되었다.

크래프트 비어 펍Craft Beer Pub

단 하나의 펍 기행

벨기에 맥주의 홍보대사 _ **드 까르멜릿**DE KARMELIET

여유롭고 풍성한 태국의 맛과 분위기 _ **미쓰타이**Miss Thai

이제는 더 이상 맥주 찾아 이태원에 가지 않아 _ **밴드 오브 브루어스**Band of Brewers

강원도 천연암반수 양조장에서 내 잔까지 48시간 _ **세븐브로이 펍**7braupub

최상의 크래프트 비어부터 더치커피까지 _ **에일코너스**ALECONNERS

아메리칸 스타일의 캐주얼 펍에서 수제 버거와 맥주를 _ **버거비**Burger b kitchen & bar

가장 오래된 양조장, 독일의 바이엔슈테판을 만나다 _ **써스티 몽크**Thirsty Monk

참나무 장작구이 그릴 요리와 함께 즐기는 맥주 _ **달펍 오크그릴 플러스 펍**DALPUB OAK GRILL+PUB

새로운 문화복합 공간, 탭하우스와 보틀숍이 한 곳에 _ **크래프트브로스**Craftbros Tap House & Bottle Shop

흔한 프랜차이즈 치킨은 이제 그만 _ **캔프**CANF'ly

독일식 하우스 맥주를 매장에서 직접 양조하는 곳 _ **카리브**The Carib

맥주시장의 새로운 트렌드, 세계맥주 탭하우스 _ **와바**Wabar

전국에서 가장 저렴한 수제 맥주와 피자의 콜라보레이션 _ **브롱스**Bronx

01

한강 아랫동네 펍 기행

South Side of Han-river

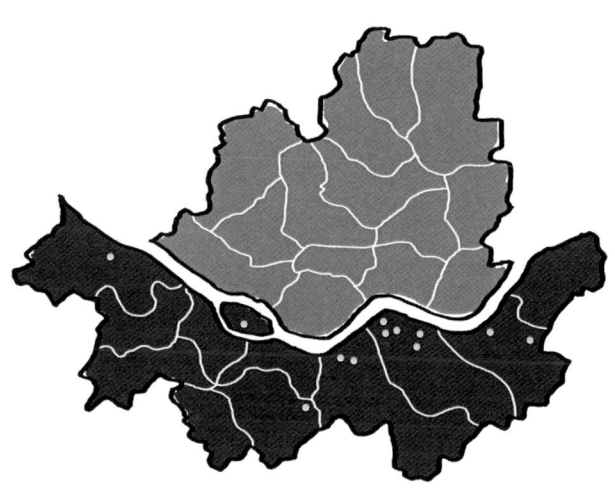

포도정원으로 떠나는 힐링여행
드 까르멜릿 DE KARMELIET

♥ 友 🏃

🏠 서울시 강동구 둔촌동 213-1
☎ 02-484-8260
🚌 지하철 5호선 올림픽공원역 1번 출구 10분 / 둔촌역 3번 출구 10분
🕐 점심 11:30~15:00 / 저녁 17:00~23:00
🅿 약 60대 가능

　맥주 좀 마신다는 마니아들에게 벨기에 맥주의 유혹을 뿌리치기란, 여간 해서는 힘들다. 수도원을 중심으로 소량생산되는 벨기에 맥주는 국내의 다른 대량생산 맥주에 비해 고가이기도 하고 그만큼 접할 기회도 많지 않다. 그래서 벨기에 맥주 마니아들은 판매 정보를 온라인 커뮤니티를 통해 공유하기도 하고 심지어는 해외 직구로 현지 맥주를 즐기기도 한다. 이런 벨기에 맥주 마니아들에게 너무나 반가운, 벨기에 맥주를 즐기며 힐링의 시간까지 보낼 수 있는 휴식처 같은 곳이 있다. 벨기에 어느 수도원의 이름을 딴 듯한 〈드 까르멜릿〉이다.

　벨기에 맥주 마니아라면 이름만 들어도 바로 벨기에 맥주를 전문으로 취급한다는 걸 알 수 있는 이곳은 마니아들의 필수 방문코스다. 고품격 분위기에서 도시에서는 느끼기 힘든 전원의 아름다움을 만끽하다보면 자신에게 소소한 보상을 해준 것 마냥 들뜨게 된다. 여기에 고풍스러운 요리와 맥주의 환상직인 궁합까시 더해져 더욱 매력이 돈다.

유러피안 홈메이드
스타일의 〈드 까르멜릿〉

거대한 피자 화덕이
가장 먼저 손님들을 맞이한다.

수십 가지의 벨기에 맥주와
와인 셀렉션이 눈에 띈다.

〈드 까르멜릿〉은 올림픽공원 인근에 위치하고 있어 공원을 찾는 연인이나 부부라면 꼭 들러볼 필수 코스로 많은 이들에게 추천을 받고 있다. 이곳에 들어서면 가장 먼저 거대한 화덕이 손님들을 맞이하며, 오픈된 주방과 양옆에 나란히 늘어선 다양한 벨기에 맥주와 와인 셀렉션 또한 보는 이들을 즐겁게 한다. 이곳에서 취급하는 30여 종의 벨기에 맥주들을 보는 순간 벨기에 맥주 마니아들은 기쁨의 환호성을 지를 것이다. 하지만 더욱 놀라운 것이 있다. 맥주 가격이 시중의 보틀숍보다 더 저렴하다는 것이다.

이곳의 공동대표인 지오 반호우트Gio Vanhoutte 씨는 한국계 벨기에인으로 벨기에 황실 주방장 교육을 받은 실력파다.

"벨기에는 전 세계에서 가장 다양하고 특색 있는 맥주를 생산하고 있는 나라죠. 벨기에에서 생산되는 맥주는 상표 숫자만 해도 무려 1,000가지 이상이며, 저마다 다른 맛과 향을 가지고 있어 기호에 맞게 맥주를 선택할 수 있어요. 〈드 까르멜릿〉은 여러 벨기에 맥주 중 벨기에 현지에서도 잘 나가고, 한국인의 입맛에도 딱 맞는 맥주를 엄선하여 약 30종의 리스트를 도심보다 저렴한 가격에 선보이고 있어요."

단정하고 고풍스런 느낌과
탁 트인 전망이 분위기를 더한다.

셰프들의 정성이 담겨져
나오는 분주한 주방

　자신이 즐겨 마시던 벨기에 맥주를 국내 애호가들에게 소개하고 더 많은
사람들이 즐길 수 있도록 맥주 판매마진을 최소화한 것이다.
　〈드 까르멜릿〉은 음식에 대해서도 지향하는 바가 뚜렷하다. 호젓한 유럽
의 어느 시골집에서 만든 것 같은 건강하고 맛있는, 게다가 푸짐하기까지
한 그런 음식을 내놓고자 노력한다. 주방을 책임지는 최재혁 셰프는 이탈리
아 파르마 요리학교인 알마ALMA를 졸업했으며, 미슐랭 2Star 레스토랑인 이
탈리아 토리노 〈Dolce still novo〉와 피렌체의 〈Hotel Villa La Vedetta〉에서
근무했던 화려한 경력을 바탕으로 이탈리아, 벨기에, 그리고 프랑스의 홈메
이드 스타일을 조화롭게 펼친 메뉴를 제공하고 있다. 특히 한우와 버섯, 치
즈로 속을 채워 말아 촉촉하게 구워낸 스네이크 피자와 벨기에의 대표 음식

인 홍합 스튜는 매장의 최고 인기 메뉴로 꼽힌다.

또한 이곳은 직접 기른 바질, 로즈메리, 애플민트, 레몬밤 등의 허브를 사용하는 것은 물론, 가장 신선한 제철 재료를 사용하여 더욱 맛있는 음식을 만들기 위해 매 시즌 단품메뉴와 코스메뉴를 업데이트한다.

한편 전 세계를 무대로 디제잉 공연을 하며 W호텔의 아시아 대표 DJ까지 맡고 있는 지오 반호우트 대표는 음악을 인류의 공통적인 언어라고 말한다.

"〈드 까르멜릿〉의 음악은 귀로 듣는 음악이 아닌 마음으로 듣는 음악이라고 표현하고 싶어요. 그러기에 장르를 한 가지에 두지 않았죠."

비오는 날 밤,
〈드 까르멜릿〉의 정원이
눈부시다.

모든 조리과정을 볼 수 있는
오프형 키친에서는 셰프들의
에너지가 넘쳐흐른다.

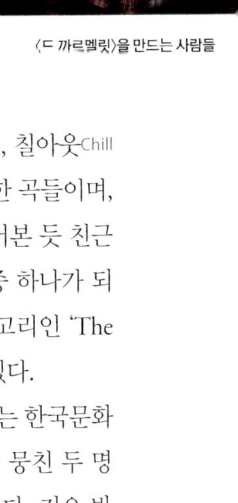

〈드 까르멜릿〉을 만드는 사람들

　　오전 11시부터 밤 11시까지 흘러나오는 음악은 라운지Lounge, 칠아웃Chill out, 하우스House, 보컬Vocal, 클래식Classic과 재즈Jazz 등을 재해석한 곡들이며, 세련된 느낌으로 다가가고자 구성했다고 한다. 어딘가에서 들어본 듯 친근한 멜로디와 리듬은 이곳을 더욱 활기차게 하는 중요한 요소 중 하나가 되었다. 〈드 까르멜릿〉의 음식과 음료를 믹스해 줄 하나의 연결고리인 'The Best of De Karmeliet Compilation'은 오직 이곳에서만 들을 수 있다.

　　벨기에 출신 DJ와 한국 출신 경영컨설턴트, 바쁘게만 살아가는 한국문화에 여유를 불어넣을 수 있는 공간을 만들어 보겠다며 호기롭게 뭉친 두 명의 공동대표들의 이력 또한 빠트릴 수 없는 이곳의 이야깃거리다. 지오 반 호우트 대표는 유럽에서는 보기 드문 동양계 DJ로 모국인 한국과 유럽을 오가며 활동하고 있으며, 한국계로서는 최초로 W 호텔의 Asia/Pacific 대표 DJ로 선발되면서 국내에 알려지게 되었다. 그의 또 다른 이력은 주방장과 바텐더다. 벨기에 왕실 셰프가 되기 위해 왕립 호텔학교에서 교육을 받았으며, 'Best Belgian Brasserie'로 뽑히기도 했다(by Trends Magazine). 이후 프랑스와 미국 등으로 뻗어나간 〈Cafe Theatre〉의 대표 바텐더로서 유러피안 호레카 문화의 정점에서 활약한 바 있다.

　　또 다른 공동대표인 김수정 씨는 대표적인 외국계 컨설팅사인 액센츄어에서 컨설턴트로 활동했다. 회사 일이 삶의 주가 되어 바쁘게만 살다가 어느 순간 마주친 유럽의 여유롭고 활기찬 레스토랑 문화는 김 대표에게 너무나

정원을 둘러보며
힐링의 시간을
가져보는 건 어떨까?

매력적으로 다가왔다고 한다. 그 이후 유럽의 품격 있는 레스토랑부터 캐주얼한 브라세리(프랑스풍 식당)까지, 다양한 서비스 전략과 운영 방식을 벤치마킹하고 이를 한국에서 적용시키기 위한 만반의 준비를 했다.

　　"〈드 까르멜릿〉에는 포도정원이라는 뜻도 있어요. 이름처럼 정원이 있는 시골 저택을 방문하듯 부담 없이 오셨으면 좋겠어요. 이곳이 언제 방문해도 즐겁고 맛있는 음식을 먹을 수 있는 곳으로 기억되는 것이 제 바람이에요."

　　김 대표는 〈드 까르멜릿〉을 대표적인 서울의 문화 휴식 공간으로 만드는 것이 목표라 했다.
　　두 오너가 신중에 신중을 거듭하여 이곳만의 특별 메뉴를 선정해 주었다. 먼저, '블랑쉐 다르네네Blanch D'Ardenne와 벨기에 홍합 스튜'의 조합이다. 벨기에 토박이들에게는 호가든보다 인기 있다는 블랑쉐 다르데네. '아르덴 지역의 화이트 비어'라는 의미를 가지고 있는 이 맥주는 오렌지 향의 화사한 느낌이 특징이다. 깔끔하고 시원한 맛의 벨기에 스타일 홍합 스튜와 함께하면 상큼한 맛을 조화롭게 느낄 수 있다.

다음은 '콜센동크 파터Corsendonk Pater와 스네이크 피자'다.

'Pater Noster(주님의 기도)'라는 이름으로 진한 몰트 향과 캐러멜 향의 세련된 맛을 느낄 수 있는 수도원 맥주 콜센동크 파터. 한우와 버섯, 치즈로 속이 가득해 풍성한 맛을 내는 시그니처 화덕 피자인 스네이크 피자와 잘 어울린다.

특별한 날에 연인 또는 가족, 친구들과 함께 부담스럽지 않은 가격으로, 고품격의 인테리어와 요리, 거기에 벨기에 수도원의 혼을 담은 맥주까지 누려보길 바란다. 〈드 까드멜릿〉은 분명 당신을 빛나게 해 줄 것이다.

MENU

트라피스트 맥주: 트라피스트 로슈포트6 14,000원 / 시메이 레드 14,000원 / 라 트라페 쿼드러플 13,000원 / 베스트말러 듀벨 13,000원 등
에비 맥주: 트리플 까르멜릿 12,000원 / 그림버겐 블랑쉐 8,000원 등
골든 에일 맥주(라 쇼페 8,500원)
엠버 에일 맥주(파우엘 꽉 12,000원)
화이트 비어(블랑쉐 다르데네 10,000원)
람빅 맥주(리프만스 프루테쎄 8,500원) 등

벨기에 스타일 홍합 스튜 24,200원
스네이크 피자 22,000원
한우 안심 스테이크 38,500원
홈메이드 벨지안 프라이 8,800원
해산물 듬뿍 누룽지 파스타 22,000원
스페인 스타일 따뜻한 양송이 칠리 오일 타파스 13,200원 등

지도 보기

드 까르멜릿에 대해 더 궁금하다면?

그곳에서의 추억이 아련한 날엔
미쓰타이 Miss Thai

❤ 友 👪

🏠 서울시 강동구 둔촌동 213-1 드 까르멜릿 3층
☎ 02-484-8264
🚌 지하철 5호선 올림픽공원역 1번 출구 10분 / 둔촌역 3번 출구 10분
🕐 점심 11:30~15:00 / 저녁 17:00~23:00
🅿 약 60대 가능

이국적인 풍경, 온몸의 피로를 풀어주는 마사지, 풍성한 해산물 요리와 호텔 혹은 카오산 로드의 노점에서 시원하게 마시는 창Chang과 싱하Singha 맥주. 이 모든 것들이 우리로 하여금 태국으로 날아가게 하는 이유일 것이다. 대학생들은 물론 직장인, 신혼부부, 가족 등 다양한 사람들이 계절에 관계없이 태국으로 향하고 있다.

다행스럽게도 한국에서 태국의 맛과 멋을 고스란히 느낄 수 있는 곳이 참 많다. 그중에서도 진정한 태국 요리의 진수를 보여주는 곳이 있다. 푸켓의 호텔 야외 펍에서 라이브 음악과 함께 하던 창 맥주의 추억을 리콜해줄 〈미쓰타이〉는 태국을 추억하기에 안성맞춤이다.

앞서 소개한 〈드 까드멜릿〉과 같은 건물에 위치하고 있는 〈미쓰타이〉는 'For All, Who Miss Thai…'라는 말에서도 알 수 있다시피 여유롭고도 풍성한 태국의 맛과 분위기를 그리워하는 사람들을 위한 태국 음식 전문 레스토랑이다. 특히 태국식 샤부샤부로 알려진 스팀보트Steam Boat는 타 레스토랑

태국 바닷가의
로컬 레스토랑에서
즐기는 듯한 맛의 향연

들과는 다른 차별화 전략이자 〈미쓰타이〉만의 야심찬 메뉴다.

지오 반호우트 대표는 "한국에 전골, 일본에 스끼야끼, 중국에 후어궈가 있다면 태국에는 스팀보트가 있다"라고 말한다. 태국뿐만 아니라 동남아시아 전역에서 인기를 누리고 있는 스팀보트는 콜레스테롤과 칼로리가 낮아 건강식이나 다이어트 음식으로 잘 알려져 있다. 여행과 DJ 투어 공연을 위해 찾은 태국에서 맛본 환상적인 스팀보트를 한국인 입맛에 맞추기 위해 구수하고 깊은 맛이 풍부한 '치킨 육수'와 세계 3대 스프 중 하나로 달콤하고 상큼한 맛이 매력적인 '똠얌꿍 육수'를 반반 맛볼 수 있도록 한 것이 이곳 스팀보트의 특징이다. 직접 개발한 그린카레소스도 함께 제공해 풍미를 더하고 있다. 또한 산낙지, 키조개, 대하, 생합 등의 다양한 해산물은 마치 실제 태국 바닷가의 로컬 레스토랑을 찾은 것 같은 느낌을 주기 위해 실내 수족

관에서 바로 잡아 최고의 신선함을 풍성하게 담았다.

태국 유명 셰프에게 직접 전통의 맛을 전수받은 강태진 셰프는 스팀보트를 비롯하여 누들, 볶음밥, 뿌팟퐁커리 등의 카레 요리를 비롯 총 50여 종의 메뉴를 다양하게 내놓고 있다.

맥주로는 깔끔하고도 개운한 맛이 특징인 싱하와 창 맥주를 준비해 태국의 작은 바닷가에 놀러 온 기분을 그대로 느낄 수 있게 했다. 이젠 맥주를 마시기 위해 꼭 맥주 전문점으로만 가야 할 필요는 없다. 자신이 마시고자 하는 맥주와 함께 페어링할 요리 콘셉트가 정해지면 그에 맞는 매장으로 가는 것이 제대로 된 경험을 할 수 있는 좋은 방법이다.

> "〈드 까르멜릿〉과 〈미쓰타이〉의 공통 목표는 여유와 풍요로움을 전하는 것이에요. 〈미쓰타이〉는 특히 신선한 해산물과 건강한 식재료를 풍성하게 사용하여 건강한 맛을 극대화하기 위해 노력하고 있어요. 태국보다 더 나은 맛과 서비스를 보여드릴게요."

김수정 대표의 말이다. 태국 현지에서 마시는 듯한 싱하와 창 맥주의 청량감을 작은 태국 〈미쓰타이〉에서 느껴보자.

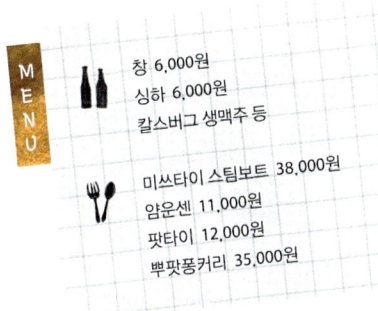

MENU

창 6,000원
싱하 6,000원
칼스버그 생맥주 등

미쓰타이 스팀보트 38,000원
얌운센 11,000원
팟타이 12,000원
뿌팟퐁커리 35,000원

지도 보기

미쓰타이에 대해 더 궁금하다면?

BAND of BREWERS

3. 이제는 더 이상 맥주 찾아 이태원에 가지 않아

단단하고 맛있는 끈이 되리
밴드 오브 브루어스 Band of Brewers

🏠 서울시 강남구 대치동 896-27(선릉로86길 38)

☎ 02-568-6825

🚌 지하철 2호선 선릉역 1번 출구 방향

🕐 월~토 17:00~02:00 / 일요일 휴무

Ⓟ 불가능

저마다 하는 일이 달랐던 3인이 맥주라는 공통분모를 통해 홈브루밍을 공유하던 것이 사업으로까지 발전했다. 〈밴드 오브 브루어스〉는 '양조자 무리들'이란 뜻도 있지만, 한국의 브루어들이 만든 맥주를 이곳 매장에서 소개해보려는 콘셉트를 가지고 문을 열었다. 브루어들을 묶는 끈! 즉, 밴드가 되고자 하는 마음을 담은 것이 〈밴드 오브 브루어스〉다.

이곳은 자체 레시피 맥주는 물론이고, 마니아들이 좋아할 만한 맥주들로 탭을 이루고 있다. 맥주에 대한 애정이 남다른 3명의 공동 오너들이 자체 레시피로 그들만의 맥주를 위탁 제작한 것이다. 카피 캣 페일 에일Copy Kat Pale Ale은 특정 맥주의 레시피를 클로닝하지 않고 현재 유행하고 있는 맥주들의 특징을 최대한 담았다. 이들의 노력이 고스란히 담긴 맥주라 할 수 있다. 다음으로 브라질리안 왁싱 IPLBrazillian Waxing IPL이 있다. 이름에 걸맞게 화끈한 비터(쓴맛이 강한 맥주)와 깔끔한 피니시가 장점이다.

이들은 매장의 위치를 맥주 마니아들의 성지인 이태원으로 할까 고민하던 중, 강남 오피스 상권의 회사원들이 맥주를 즐기기 위해 이태원으로 이동하는 것을 불편해한다는 사실을 알고 오피스 밀집 지역인 선릉역 부근에 매장을 열었다고 한다. 맥주에 대한 애정으로 똘똘 뭉친 이들은 기존의 맥주 업계와 깊은 인연을 가지고 있다. 한번은 미국 맥주 앤더슨 벨리사의 CEO가 방한했을 때, 이곳에서 50여 명의 맥주 마니아들과 즐거운 시간을 함께 보내기도 했단다.

여러 형태의 좌석이 준비되어 있어
모임의 종류와 성격에 따라
골라 앉을 수 있다.

BOB만의 시크릿 레시피로 만든
카피 캣 페일 에일과 소시지의 페어링

만약 자신이 세계 맥주의 입문 단계를 지나 마니아의 단계에 들어섰다고 여겨진다면, 이곳 〈밴드 오브 브루어스〉로 발길을 옮겨보자. 단순히 정해진 맥주만을 파는 곳이 아니라, 늘 뭔가 새로운 이벤트가 열리는 〈밴드 오브 브루어스〉는 신제품 출시 시음회, 희소 맥주 원케그 데이(여럿이 모여 한 케그의 맥주를 마시며 설명을 듣고 맥주에 대한 의견도 나누는 일종의 시음회) 등 손님들과 끊임없이 교류를 이어가는 쌍방향 소통 펍이다.

맥주에 대한 관심과 애정이 많은 손님들은 이곳의 오너들과 맥주에 관한 이야기를 나누는 것 역시 이곳을 찾는 매력 중 하나라고 입을 모아 말한다.

MENU

11여 종의 탭 비어: 카피 캣 페일 에일 / 브라질리안 왁싱 IPL / 엘리캣 에일 / 인디카 IPA / 크롬바커 바이젠 / 퓰러스 런던 프라이드 / 플래티넘 3종 등

가격 5,000~9,000원

찹스테이크 / 햄 & 베이컨 / 소시지 / 타코야끼 / 피자 / 샐러드 등

가격 5,000~19,000원

지도 보기

효모가 살아있는 맥주가 온다
세븐브로이 펍 ^{7braupub}

♥ 友 🍴

🏠 서울시 강남구 역삼동 810-5(봉은사로2길 21) 반석빌딩 B1
☎ 070-4222-7997
🚇 지하철 9호선 신논현역 4, 5번 출구 방향
🕐 16:00~02:00
🅿 불가능

　오비와 하이트라는 거대 기업 사이에서 2011년 10월 맥주 제조 일반면허 1호를 획득한 국내 최초 맥주 중소기업이 탄생했다. 바로 '세븐브로이'다. 김강삼 대표의 세븐브로이는 우리나라의 첫 맥주회사인 조선맥주가 1933년에 탄생한 이래 77년 만이다. 행운의 숫자 7과 함께 하는, 하이트 진로와 오비에 이은 우리나라 세 번째 맥주회사다.

　맥주의 생명은 물과 신선함이기에, 세븐브로이는 수도권에서 가까운 강원도 횡성의 지하 830m 천연암반수와 세계적으로 품질을 인정받은 원료로 맥주를 만들고 있다. 그리고 이렇게 생산된 신선한 맥주를 48시간 안에 즐길 수 있는 곳이 강남 〈세븐브로이 펍〉이다.

　〈세븐브로이 펍〉 맥주의 가장 큰 특징은 여과과정을 거친 다른 많은 맥주들과는 달리 필터링되지 않은 넌필터Non-filtered beer 방식으로 만들어진다는 것이다. 따라서 효모가 남아있는 순수하고 신선한 맥주만을 공급한다. 때문에 세븐브로이는 기존 대기업의 주력 생산 맥주인 라거가 아닌 국내산 맥주

적당한 조명 아래
모던하고 감각적인 인테리어가
많은 이들을 찾게 만든다.

다양한 수제 맥주를
눈으로 즐기고 맛볼 수 있다.

시장에서는 맛볼 수 없었던 프리미엄 맥주를 선보인다는 자부심으로 맥주를 만들고 있다.

아직은 수요층이 얇지만 마니아들을 겨냥한 에일 맥주 생산에 주력하고 있다. 그중 국내 최초 에일 맥주인 세븐브로이 IPA7brau IPA는 국내 맥주 마니아들은 물론 외국인들에게까지 꾸준히 사랑받고 있는 대표 맥주다. 〈세븐브로이 펍〉은 현재 시그니처인 세븐브로이 IPA를 비롯 페이크 라거Fake Lager, 크리스탈 바이젠Kristall Weizen, 마일드 에일Mild Ale, 임페리얼 IPAImperial IPA 등 이곳만의 자체 레시피로 직접 생산한 다양한 프리미엄 맥주를 선보이고 있다.

또한 샌프란시스코, 뉴욕, 프랑스 출신의 셰프 10명이 최상의 제철 재료를 사용하여 맥주와 가장 잘 페어링되는 뛰어난 요리를 제공한다.

넌필터 방식으로 만든
효모가 살아있는
신선한 맥주를 제공한다.

기존 호프집의 맥주 안주와는 차원이 다른 최고의 요리와 신선한 맥주를 즐길 수 있는 고품격 비어 펍인 〈세븐브로이 펍〉. 세련되고 감각적인 인테리어로 젊은 연인들은 물론 맥주 애호가들의 모임, 강남 오피스권 회사원들의 한층 업그레이드된 회식 장소로도 제격이다.

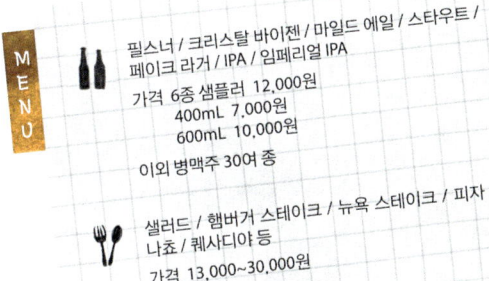

MENU

필스너 / 크리스탈 바이젠 / 마일드 에일 / 스타우트 / 페이크 라거 / IPA / 임페리얼 IPA
가격 6종 샘플러 12,000원
400mL 7,000원
600mL 10,000원
이외 병맥주 30여 종

샐러드 / 햄버거 스테이크 / 뉴욕 스테이크 / 피자 / 나쵸 / 퀘사디야 등
가격 13,000~30,000원

지도 보기

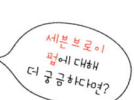
세븐 브로이 펍에 대해 더 궁금하다면?

빗자루 타고 도심 속 마법의 세계로
에일코너스 ALECONNERS / 역삼 본점

🏠 서울시 강남구 역삼동 672-26(테헤란로33길 24) 2층

☎ 02-562-3689

🚈 지하철 2호선 역삼역 8번 출구 방향

🕐 월~금 10:00~24:30 / 토, 일은 단체행사 예약만 가능

🅿 불가능

**직화 구이 피자와 파스타를
잘 빚어낸 크래프트 비어와 함께**

〈에일코너스〉는 '맥주품평관'을 의미한다. 맥주와 피자, 더치커피를 항상 최상의 품질과 맛으로 관리하겠다는 마음을 담아 지은 이름이라고 한다. 이곳의 캐릭터인 마법사는 한 손에는 맥주, 다른 한 손에는 피자를 들고 있다. 맥주와 피자를 마법 같은 맛으로 만들겠다는 뜻이란다.

화덕에서 직화로 구워낸 피자와 요리학교 교사 출신의 셰프가 만들어내는 파스타를, 잘 빚어낸 크래프트 맥주와 함께 즐길 수 있는 〈에일코너스〉. 오피스 밀집 상권의 지친 회사원들에게 힐링 공간을 제공하겠다는 의지로 오픈했다.

맥주는 격식을 차려 마시기보다는 편하게 마셔야 할 술이다. 〈에일코너스〉는 일상에 지친 몸과 마음이 편히 쉴 수 있는 푸근한 분위기를 자아낸다. 직장 동료들과 친구들 또는 연인과 함께, 편안하면서도 기본에 충실한 비어-푸드 페어링으로 행복한 시간을 가져 보면 좋을 것이다.

이곳에서 서빙되는 탭 비어들은 국산 맥주로는 처음으로 2014년 Asia Beer Cup 금메달 수상 맥주인 플래티넘 오트밀 스타우트Platinum Oatmeal Stout를 비롯 세븐브로이 마일드 에일7brau Mild Ale, 카브루 바이젠Ka-Brew Weizen 등 국내 프리미엄 크래프트 비어 7종으로 구성되어 있다. 이외에 하이네켄Heineken과 산미구엘San Miguel 등의 수입 맥주 역시 탭으로 보다 신선하게 즐

〈에일코너스〉에서만 볼 수 있는 더치실.
신선한 원두로 추출해낸 깊은 맛과 향의
더치커피도 이곳을 찾는 이유 중 하나다.

Café po:z

Café po:z

길 수 있다.

이곳의 또 하나의 자랑거리는 별도의 더치실에서 신선한 원두를 8시간 이상 추출하여 만들어내는 더치커피의 깊은 맛과 향이다. 맥주와 커피의 공통점은 그것들이 가지고 있는 맛과 향의 섬세함일 것이다. 그래서 크래프트 맥주도, 커피도 미각과 후각이 섬세한 여성들에게 더 많은 사랑을 받는 게 아닌가 한다.

〈에일코너스〉의 모든 메뉴는 박성훈 셰프가 맡고 있다. 그는 레스토랑과 호텔에서 경력을 쌓았고 서울 요리전문학교에서 교사로 재직한 바 있으며, 요리는 자신의 얼굴이라는 철학을 가신 젊은 셰프다. 박 셰프는 그만의 레시피로, 매장에서 직접 만든 도우에 신선한 치즈로 토핑하여 강력한 화력으로 크리스피하고 담백한 화덕 피자를 구워낸다. 재료 하나하나 본연의 맛을 살린 파스타는 크래프트 비어와 또 다른 환상의 궁합을 이루며 새로운 맥주 트렌드로 자리 잡아가고 있다.

도심의 빌딩 숲에서 즐기는 몰트 향의 여유로움, 〈에일코너스〉다.

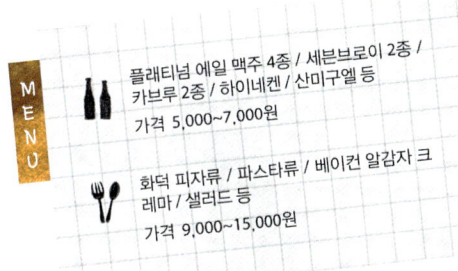

MENU

플래티넘 에일 맥주 4종 / 세븐브로이 2종 / 카브루 2종 / 하이네켄 / 산미구엘 등
가격 5,000~7,000원

화덕 피자류 / 파스타류 / 베이컨 알감자 크레마 / 샐러드 등
가격 9,000~15,000원

지도 보기

에일코너스에 대해 더 궁금하다면?

6. 아메리칸 스타일의 캐주얼 펍에서 수제 버거와 맥주를

바람이 분다, 압구정으로 가자
버거비 Burger b kitchen & bar

🏠 서울시 강남구 신사동 644-3(언주로168길 15) 1층
☎ 070-7536-4639
🚉 지하철 분당선 압구정로데오역 5번 출구 방향 / 3호선 압구정역 2번 출구 방향
🕐 월~토 12:00~24:00 / 매주 일요일 휴무
🅿 발렛 파킹 가능

바람 부는 날이면 압구정으로 가야 한다고 했던가?

이젠 바람 부는 날이면 제대로 된 수제 버거와 맥주를 맛보기 위해 압구정으로 향한다. 수제 버거의 인기가 높아지면서 제대로 된 햄버거를 맛볼 수 있는 곳이 제법 생겨났다. 하지만 그중에서도 다양한 맥주를 골라 마시며 버거를 즐기거나 그릴 요리를 즐길 수 있는 곳은 단연 〈버거비〉다.

〈버거비〉 압구정점은 패스트 캐주얼 펍을 지향하고 있다. 메인 메뉴로는 정통 아메리칸 스타일의 수제 버거와 함께, 그에 잘 어울리는 크래프트 탭 맥주 6종과 20여 종 이상의 수입 병맥주가 제공된다. 병맥주는 주기적으로 다양하고 새로운 맥주들로 업데이트되어 소개되며, 선택할 수 있는 수입 맥주가 30여 종이나 되니 여타 세계맥주전문점이 전혀 부럽지 않다.

필리핀의 대표 맥주인 산미구엘San Miguel, 향기로운 과일 향과 홉의 상쾌한 아로마가 조화를 이루는 스컬핀 IPASculpin IPA, 외국인들이 즐겨 주문하

목등심 쇠고기로 만든
얼티메이트 BB 버거와
밀크셰이크 & 감자튀김은
다른 곳에서는 맛 볼 수 없는
〈버거비〉만의 시크릿 메뉴다.

미국의 어느 캐주얼 펍을
그대로 재현해 놓은 듯한 인테리어가
맥주의 맛과 향을 더욱 고조시킨다.

는 앨리캣Alley Kat과 기네스Guinness를 모두 탭으로 즐길 수 있으며, 국내 크래프트 양조장에서 직접 공급받는 한강 헤페 바이젠Hankang Hefe Weizen(바나나 향이 풍부한 신선하고 가공되지 않은 밀 맥주), 금강 퓨어 필스너Kumkang Pure Pilsner(가볍고 먹기 좋으면서 끝 맛이 톡 쏘는 맛있는 프리미엄 라거) 등은 배송부터 냉장유통되어 신선함을 자랑한다.

이곳의 주력 메뉴인 얼티메이트 BB 버거는 당일 새벽에 구운 빵에 100% 목등심 쇠고기와 잘 숙성된 그뤼에르 치즈, 골드 캐러멜, 어니언, 트러플 아이올리 소스(마요네즈와 마늘로 만든 걸쭉한 소스)가 어우러져 나온다. 함께 나오는 슈스트링 감자와 홈메이드 샷 밀크셰이크 또한 훌륭하다. 감자튀김은 밀크셰이크에 찍어 먹는 게 별미다. 비어와 페어링되는 또 다른 대표 메뉴인 쉬림프 버켓은 이곳의 오너가 직접 새벽 가락동 농수산물시장에 가서 싱싱한 새우를 골라와 만든다고 한다. 〈버거비〉만의 시즈닝으로 밑간을 하여 그릴에 굽고 대가리는 슈스트링 감자와 함께 프라이 되며, 코브콘(옥수수)이 함께 제공된다. 피쉬 & 칩스는 주문 즉시 반죽한 캣피쉬 튀김과 텐웨지컷, 홈메이드 타르타르소스, 치폴레 케첩, 몰트비네거(보리식초) 스프레이가 함께 나온다. 또 하나 빼놓을 수 없는 이곳의 비어 푸드 페어링인 버팔로 윙은 홈메이드 핫소스로 버무린 닭봉과 셰프가 직접 만든 렌치 딥 드레싱, 그리고 당근스틱과 셀러리스틱이 한 팀을 이룬다.

〈버거비〉는 이미 '10 매거진'이 선정한 최고의 버거집으로 선정된 바 있는 검증된 맛집이다. 강남의 메카인 신사동에서 외국 생활 중 펍을 즐겼던 경험이 있는 젊은이들을 중심으로 3년째 꾸준히 사랑을 받아 오고 있다. 미국의 캐주얼 펍을 그대로 한국에 옮겨 놓은 듯한 인테리어와 시원한 맥주, 그리고 알찬 메뉴 구성은 이곳에 단지 햄버거만 먹으러 오는 것만이 아님을 알려주고 있다.

MENU

탭 맥주: 산미구엘 / 스컬핀 IPA / 앨리캣 / 기네스 /
한강 헤페 바이젠 / 금강 퓨어 필스너
병맥주 20여 종
가격 8,000~13,000원

버거 메뉴: 얼티메이트 BB 버거 / 치즈 버거 / 틸라무크 버거 등
가격 8,000~14,000원
펍 메뉴: 쉬림프 버켓 / 피쉬 & 칩스 / 버팔로 윙 등
가격 14,000~27,000원

지도 보기

버거 비에 대해
더 궁금하다면?

7. 가장 오래된 양조장, 독일의 바이엔슈테판을 만나다

전통이 담긴 깊은 맛의 향연
써스티 몽크 Thirsty Monk

🧡 友 🍸

🏠 서울시 강남구 청담동 2-1(도산대로56길 3)

☎ 02-546-8389

🚌 지하철 분당선 압구정로데오역 4번 출구 방향 / 7호선 강남구청역 4번 출구 방향

🕐 매일 17:00~02:00

🅿 발렛 파킹 가능

손님과의 소통이 이뤄지는 곳,
<써스티 몽크>다.

강남 역세권에 위치해
쉽게 찾아갈 수 있다.

1400년의 양조 역사를 자랑하는, 현존하는 것 가운데 세계에서 가장 오래된 양조장은 어디일까? 기네스북에도 공식 등재되어 있는 독일 '바이엔슈테판Weihenstephaner'이다. 바로 그 독일 바이엔슈테판의 탭 10종을 즐길 수 있는 곳이 국내에도 있다. 〈써스티 몽크〉다.

독일 바이에른 왕국의 국립 맥주회사 바이엔슈테판은 '목마른 수도사'라는 의미 그대로 725년 성코르비니안과 12인의 수도사가 설립한 베네딕트 수도원 양조장에 그 기원을 두고 있으며, 현존하는 전 세계맥주의 시초이자 독일 정통 맥주의 근원이다. 바이엔슈테판의 스타일별 맥주 제품들은 각 스타일의 스탠더드라 해도 과언이 아니다. 헤페 바이젠의 맛과 향을 알고 싶다면 바이엔슈테판 헤페 바이젠을 기준으로 비교 시음해도 좋다.

독일 현지의 제대로 된 슈바이네 학센(오븐에 오랜 시간 구워낸 바삭한 독일식 족발 요리)을 맛보고 싶다면, 〈써스티 몽크〉의 슈바이네 학센을 강추한다. 바삭하고 담백한 이곳의 슈바이네 학센은 국내 어느 곳과도 비교를 불허한다. 학센 외에도 이곳의 셰프가 선보이는 40여 가지의 메뉴들은 기성 제품들을 많이 사용하는 여느 펍들과 견준다면 큰 실례다. 간단히 맥주와 페어링할 수 있는 스낵부터 정통 유러피언 레스토랑에서 즐길 수 있는 고급 요리까지, 신선한 고급 재료를 아끼지 않으며 음식에 곁들여지는 소스나 드레싱까지도 모두 직접 만들어 사용한다.

최상의 요리와 페어링되는, 언제나 맥주 마니아들을 사로잡는 바이엔슈

독일의 대표 메뉴인 슈바이네 학센은 물론
다양한 유러피언 스타일의 고급 요리를
수제 맥주와 페어링할 수 있다.

테판 코르비니안Weihenstephan Korbinian과 비투스Vitus의 인기는 두 말이 필요 없다. 특히 신선한 탭으로 즐기는 그 맛은 병으로 즐길 때와는 또 다른 전혀 새로운 경험을 선사해 준다. 이곳은 바이엔슈테판 수입사의 직영점으로 본사의 엄격한 맥주 품질 관리 매뉴얼에 따라 최상의 컨디션을 유지한 바이엔슈테판 제품들을 탭으로 골라 마실 수 있다.

이미 맥주 좀 마신다 하는 이들에게는 너무나 잘 알려진 곳이지만, 아직 바이엔슈테판의 비투스나 헤페 바이젠을 맛보지 못한 이들에게는 향긋한 과일 향과 부드러운 밀 맥주가 신세계로 다가갈 것임에 분명하다.

이곳만의 또 하나의 차별점은 손님들과의 소통이다. 새롭게 출시되는 제품들은 시음회를 통해서 손님들의 의견을 수렴하고, 시음회에 맥주 브루마스터를 초청하여 비어클래스를 열기도 한다. 2014년 8월에는 독일 바이엔슈테판 CEO의 방한에 맞춰 한국 맥주 애호가들과 소통의 시간을 같이 하는 등 맥주에 대한 손님들의 평에 항상 귀 기울이고 있다.

청담점에서만 즐길 수 있었던 〈써스티 몽크〉, 이젠 역삼점, 서래마을점 등의 오픈으로 보다 많은 이들과 소통할 수 있게 되었다.

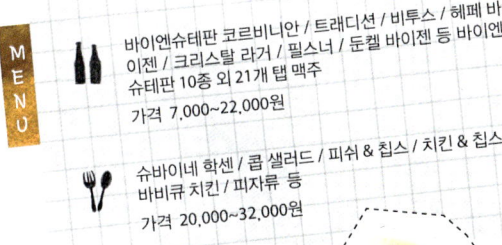

MENU

🍾 바이엔슈테판 코르비니안 / 트래디션 / 비투스 / 헤페 바이젠 / 크리스탈 라거 / 필스너 / 둔켈 바이젠 등 바이엔슈테판 10종 외 21개 탭 맥주
가격 7,000~22,000원

🍴 슈바이네 학센 / 콥 샐러드 / 피쉬 & 칩스 / 치킨 & 칩스 / 바비큐 치킨 / 피자류 등
가격 20,000~32,000원

지도 보기

그리고 감성 한 스푼
달펍 오크그릴 플러스 펍 DALPUB OAK GRILL+PUB

♥ 友 ⫙

🏠 서울시 송파구 신천동 11-4(올림픽로35가길 9) 잠실 푸르지오 월드마크 #132, 133
☎ 02-2203-8846
🚍 지하철 2호선 잠실역 8번 출구 방향 / 8호선 잠실역 9번 출구 방향
🕐 매일 16:30~01:00
🅿 가능

　잠실, 신천 상권은 상당히 번화한 상권임에는 분명하지만 정작 분위기 있게, 그리고 여유롭게 맥주를 즐길 만한 곳을 찾고자 하면 그리 쉽지 않은 듯하다. 맥주창고 스타일의 셀프형 수입맥주전문점과 치킨집 등은 넘쳐나지만, 연인이 다정하게 데이트하며 맥주를 즐길 곳은 흔치 않다. 그러한 분위기 속에 잠실권의 맥주 애호가들 사이에 새롭게 떠오르는 핫플레이스가 생겨났다. 잠실 푸르지오 월드마크 건물에 위치한 모던 그릴 펍 〈달펍 오크그릴 플러스 펍〉, 일명 '달펍'이다.

　이곳의 오너는 스위스의 HTMI 호텔 학교에서 외식경영(Hospitality Management) 석사학위(master degree)를 받은 정통 F&B(Food & Beverage) 서비스 전문가다. 그동안 볼 수 없었던 새로우면서도 자연스러운 공간에서 감성적 소통을 통해 오감 만족의 가치를 창출해 내는 것이 그의 목표라 한다. 단순히 제품을 파는 곳이 아니라, 소통과 교감을 중시하는 그의 비즈니스 철학이 배어 나오는 곳이다. 매장에 들어서면 스틸, 브릭, 우드가 조화되어 만

날씨가 좋은 날에는
야외에서 한잔

6가지 탭 비어에서부터
와인, 위스키, 칵테일까지

들어 내는 세련되면서 모던한 분위기가 돋보인다. 여기에 마음을 편하게 해 주는 묘한 인테리어에 참나무 장작 그릴 바비큐와 음악까지 더해져 아날로 그적 감성을 자극한다.

〈달핍〉에서는 그랜드 하얏트, 밀레니엄 힐튼 호텔 프렌치에서 근무한 이 탈리안 출신의 오프닝 셰프에 의해 개발된 메뉴들과 오너의 깐깐한 관리하 에 서브되는 6가지 탭 맥주를 맛볼 수 있다. 더불어 다양한 수입 병맥주는 물론 와인, 위스키, 칵테일까지 구비되어 있다.

이름에서도 알 수 있듯이 이곳의 메인 요리는 그릴에 구워진 바비큐 요리 다. 요리의 특성상 자극적이지 않고 섬세한 맛을 느낄 수 있기에, 제대로 된 신선한 탭 비어와 페어링이 제격이다. 바비큐 요리들은 자극적인 소스보다 는 소금, 후추, 허브 등 기본적인 양념으로만 맛을 내기 때문에 재료의 신선

수제 맥주의 진한 맛을
배가 시켜주는 최상의
푸드 페어링인 그릴 요리를
다양하게 선보이고 있다.

함이 생명이다. 재료가 신선하지 않으면 손님들이 바로 알아차릴 수 있기에 재료 선정에 더욱 까다로울 수밖에 없다. 무엇보다 진정한 맥주의 맛과 아로마를 느끼기 위해서는 맵고 짠 자극적인 요리보다는 재료 본연의 맛에 충실한 그릴 요리가 안성맞춤이다. 맥주와 그릴 요리는 서로 맛과 향을 저하시키지 않으면서 장점을 살려주는 단짝 궁합이다.

주방 요리기구, 플레이트, 포크, 나이프 등 작은 소품 하나하나까지 신경 쓴 오너의 섬세함이 느껴지는 곳. 맥주에 대한 이해를 돕기 위해 친절한 설명과 함께 주문을 받는 직원들은 이곳에서의 감성적 힐링을 도와주고 있다. 디지털 문명의 홍수에 지친 나에게 도심 속에서 감성적 치유를 선물하고 싶다면, 〈달펍 오크그릴 플러스 펍〉으로 여행을 떠나보자.

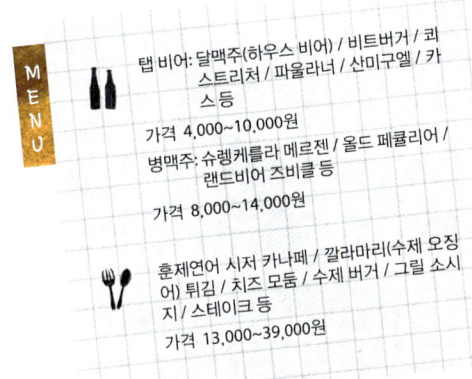

MENU

탭 비어: 달맥주(하우스 비어) / 비트버거 / 쾨스트리처 / 파울라너 / 산미구엘 / 카스 등
가격 4,000~10,000원

병맥주: 슈렝케를라 메르젠 / 올드 페큘리어 / 랜드비어 즈비클 등
가격 8,000~14,000원

훈제연어 시저 카나페 / 깔라마리(수제 오징어) 튀김 / 치즈 모둠 / 수제 버거 / 그릴 소시지 / 스테이크 등
가격 13,000~39,000원

지도 보기

달펍에 대해 더 궁금하다면?

서래마을도 크래프트 비어가 대세
크래프트브로스 Craftbros Tap House & Bottle Shop

🏠 서울시 서초구 반포동 106-7(사평대로22길 18)

☎ 02-537-7451

🚌 지하철 9호선 신반포역 / 버스 간선 142번(서래마을) / 마을버스 서초 13번(서래마을입구) /
마을버스 서초 10, 서초 14, 서초 21번(반포종합운동장)

🕐 월~금 18:00~01:00 / 토, 일 12:00~24:00

🅿 발렛 파킹 가능

　　와인 보틀숍과 와인이 주류인 레스토랑, 일식 이자카야가 즐비한 서래마을에 탭 비어 전문펍과 보틀숍을 겸비한 〈크래프트브로스〉가 문을 열었다. 서래마을을 찾는 맥덕(맥주 덕후)들에겐 여간 반가운 소식이 아니다. 이곳에서 1차를 즐기다가 맥주를 마시기 위해서 이태원으로 자리를 옮겨야 했던 이들, 인근에 거주하고 있는 많은 외국인들은 특히 주목할 필요가 있겠다. 이제 가볍게 맥주를 즐길 수 있고, 집으로 향하는 길에 원하는 병맥주도 사가지고 갈 수 있는 원스톱 복합 공간이 생긴 것이다.

　　〈크래프트브로스〉의 강기문 대표는 사회생활을 하면서도 꾸준히 가지고 있었던 맥주에 대한 관심으로 홈브루잉을 시작했고, 점점 더 빠져들어 컨트랙 브루잉을 시작으로 퍼시픽 에일까지 양조하게 되었단다. 이러한 과정에서 탭하우스와 보틀숍을 함께 하면 어떨까 하는 생각에까지 미치게 되어, 이렇게 매장을 운영하게 되었다.

　　〈크래프트브로스〉는 국내에서는 처음으로 선보이는 탭하우스와 보틀숍이 함께 있는 매장으로, 탭하우스에서는 자체 레시피로 컨트랙 브루잉한 맥주인 퍼시픽 에일Pacific Ale과 갤럭시 IPAGalaxy IPA를 대표로, 총 12종의 탭 맥주를 제공하고 있다. 자체 레시피 맥주 4종을 더 양조하여 국내 크래프트 맥주시장을 선도하는 탭하우스가 되려고 노력하고 있단다. 이밖에 10여 종의 수입 생맥주도 함께 판매하고 있으며, 항상 손님들의 니즈를 충족시키기 위해서 반응에 따라 한 달 주기로 탭 종류를 교체하고 있다.

　　같이 운영하고 있는 보틀숍에서는 크래프트 수입 맥주 100여 종을 구비해 놓아, 일반 매장에서는 구하기 힘든 맥주부터 누구나 쉽게 마실 수 있는 대중적인 맥주까지 모두 만나볼 수 있다. 때문에 어떤 손님들의 니즈에도 충분히 만족감을 주며, 보틀숍에서 구매한 병맥주는 옆 매장인 탭하우스에서 글라스차지 2,000원을 더 지불하고 바로 마실 수도 있다. 특히나 생맥주와 병맥주가 함께 있는 맥주들은 두 가지를 한 자리에서 비교해보는 재미도 있다. 탭하우스 또는 수입 크래프트 맥주라고 해서 자칫 부담을 가질 수 있을지도 모르겠으나, 편안한 분위기의 펍을 지향하고 있음을 언지해 둔다.

맥주와 페어링되는 요리들은, 다른 탭하우스에서 쉽게 맛볼 수 있는 것이 아닌 이곳만의 크래프트 맥주와 조화를 이루는 요리들로 선보이고 있다. 조경미 수석셰프는 프랑스 Paris Sorbonne(석사), Universite de Paris8(석사), EPMTTH를 졸업하고, 파리 〈Jeanne A〉와 〈Market cafe〉에서 셰프로 근무했던 경력이 있다.

조 셰프의 프랑스에서의 경험을 우리 것과 접목시킨 프렌치 스타일 골뱅이 샐러드는 단연 최고다. 파슬리, 마늘 버터 소스와 함께 조리한 골뱅이를 오븐에 구워 신선한 시즈널 샐러드와 함께 내놓는 독특한 퓨전 요리다. 할라피뇨 & 문어 샐러드는 스파이시한 할라피뇨와 쫄깃한 문어를 버터 소스에 조리하여 오리엔탈 데리야끼 드레싱을 곁들인 신선한 야채샐러드로 맥주와의 절묘한 페어링을 자랑하며, 이곳에서 제공되는 소시지는 프랑스 구루메 France Gourmet에서 생산되는 것으로 일반 소시지보다 훨씬 퀄리티가 높다.

참고로 프랑스 구루메는 샤퀴티에 롤랑과 셰프 장폴, 치즈 생산가 로무알드 등 세 프랑스인의 만남으로 탄생한 브랜드로, 2012년 한국에 회사를 설립하여 얼리지 않은 한국산 생육만을 사용해 제품을 생산하고 있다.

〈크래프트브로스〉에는 서래마을을 찾아오는 젊은층을 비롯하여, 위치가 위치인지라 동네 주민들과 거주 외국인들이 많이 오고 있다. 20대부터 50대까지 다양한 손님층이 자연스럽게 어울리는, 나이에 상관없이, 부담 없이 찾을 수 있는 매장이다. 특히나 〈크래프트브로스〉만의 자체 레시피 맥주인 과일 향이 상큼한 퍼시픽 에일과 갤럭시 IPA는 다른 곳에서는 맛볼 수 없는 맥주이기 때문에, 이를 맛보기 위해서도 많이들 찾아온다.

강 대표가 생각하는 지금의 맥주시장의 변화는 바로 크래프트 맥주의 대중화라고 한다. 현재는 크래프트 맥주를 아는 일부 소비자들에 의해, 일부 장

프랑스와 한국의 맛이 만나 탄생한
프렌치 스타일 골뱅이 샐러드

100여 종의 크래프트 수입 맥주가 한가득, 이보다 좋을 순 없다.

퇴근 후 보틀숍에 들러 내 입맛에 맞는 맥주를 사는 기쁨이란!

소(이태원 등지)에서만 소비되고 있지만, 크래프트 맥주의 대중화가 이런 현실을 타개하고 시장을 좀 더 넓히는 상황을 만들 것이라고 확신하고 있다. 하지만 그가 걱정하는 맥주시장의 문제는, 단순히 라거 맥주(맥스와 카스)와 다른 에일 맥주라는 이유로 퀄리티가 높지 않음에도 불구하고 전체적인 크래프트 맥주의 이미지를 깎아내리는 상황이 생기지 않을까 하는 것이다.

"크래프트 맥주가 활성화되면 스타 크래프트 맥주가 탄생할 것이고, 이를 통해 크래프트 맥주가 대중화되고 그 결과 크래프트 맥주가 성공하게 될 것이라 생각해요. 그러기 위해서는 우선 다양한 펍에서 여러 가지 크래프트 맥주가 선보여져야 할 것 같아요. 그리고 소비자들도 선입견을 갖지 말고 좀 더 다양한 맥주를 시음하고 즐기는 문화가 필요하겠죠."

〈크래프트브로스〉에서 런칭하는 맥주들은 그냥 일회성 세션 맥주가 아
닌, 지속적인 생산을 통해 꾸준히 판매하기 위한 병맥주 또는 캔맥주다. 병
맥주를 만드는 것 자체가 강 대표의 개인적인 희망이기도 하거니와 다양한
병맥주를 통해 장소와 시간을 넘어 국내 어디서나 맛있는 맥주를 선보이는
것이 크래프트 맥주시장 자체를 활성화하는 또 하나의 방법이라고 강 대표
는 생각하고 있다. 또한 다양한 방식의 콜라보레이션 맥주와 라이선스 맥주
도 계획 중에 있다. 콜라보레이션 또는 라이선스 맥주가 크래프트 맥주와는
어울리지 않는다는 의견도 있지만 크래프트 맥주의 진정한 특징은 아무런
제약 없이 브루어의 의도를 표현해 낼 수 있는 것이기에 규정에 얽매이지
않고 다양한 맥주를 만드는 것이 그의 포부라고 했다.

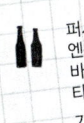

MENU

퍼시픽 에일 / 갤럭시 IPA / 퓰러스 런던프라이드 / 바이
엔슈테판 헤페 / 쉬메이 화이트 / 워터메론 위트 에일 /
바니플랫 오트밀 스타우트 / 올드라스푸틴 임페리얼 스
타우트 / 인디카 IPA / 스컬핀 IPA / 칼데라 IPA 등

가격 6,500~12,000원

4종 샘플러 18,000원

보틀샵에 100여 가지의 병맥주 구비

푸드 페어링 1: 골뱅이 버터구이 샐러드 / 허브 닭가슴살
샐러드 / 할라피뇨 & 문어 샐러드 등 6종

가격 14,000~15,000원

푸드 페어링 2: 비프 & 베지터블 타르틴 / 갈릭 & 쉬림프
타르틴 / 루꼴라 & 참치 타르틴 / 크래프트
브로스 시그니처 버거 / 샌드위치 등 6종

가격 15,000~18,000원

푸드 페어링 3: 그릴 요리, 펍 사이드 메뉴 등 15종

가격 12,000~25,000원

지도 보기

크래프트
브로스에 대해
더 궁금하다면?

10. 흔한 프랜차이즈 치킨은 이제 그만

홀닭 반할 수밖에 없는
캔프 CANF'ly

🏠 서울시 서초구 서초동 1578-1(반포대로24길 96) 구산빌딩

☎ 02-521-1108

🚌 지하철 2, 3호선 교대역 14번 출구 방향

🕐 15:00~01:00 / 일요일 휴무

🅿 불가능

상큼한 과일 드레싱을 얹은 샐러드,
여성들이 꼭 찾는 메뉴다.

대한민국 맥주 안주 1등이라 해도 과언이 아닌 치킨! 건강과 다이어트의 이유로 말도 많고 탈도 많지만 그래도 치맥은 우리들의 영원한 넘버원 비어 페어링일 것이다. 진정 건강을 생각한다면 술을 마시지 않는 것이 가장 좋을 테지만 어차피 마셔야 한다면 기분 좋게 마시자.

하지만 다 똑같은 프랜차이즈 치킨에 이제 질렸다. 공장에서 만들어서 오는 천편일률적인 프랜차이즈 치킨에 식상해 하는 우리들을 구해줄 치킨 전문 맥줏집 〈캔프〉를 찾아가 보자. '프랜차이즈 맛으로부터 여러분을 구해드립니다.' 이말 그대로 그동안 경험해 보지 못한 새로운 치맥 맛의 감동을 안겨 줄 곳이다.

누구나 만들 수 있는 공장 납품 재료가 아닌, 셰프가 손수 만든 소스와 피클, 드레싱을 곁들인 샐러드, 그리고 대망의 팬프라이드 치킨이 단연 돋보인다. 거기에 다양한 수입 병맥주와 잘 관리된 국산 생맥주, 아기자기한 인테리어는 덤이다.

〈캔프〉의 치킨은 그 사이즈부터 여느 치킨집과는 다르다. 1인 1닭의 시대를 외치는 요즘, 치킨 한 마리를 시켰는데 혼자 먹기도 부족한 영계 사이즈가 나온다면, 여간 애매한 상황이 아닐 수 없다. 이제 눈치는 그만. 이곳의 치킨은 튀김옷을 아주 얇게 가루만 입혔는데도 그 크기가 확연히 다르다. 셰프가 직접 손질하고 양념한 팬프라이드 치킨, 이 집만의 비밀 소스가 발

여느 치킨집과는 달라 택 맥주와
셀프형 수입 맥주 냉장고가 있다.

아기자기한 인테리어가
먹는 재미를 더해준다.

라져 나오는 블랙 치킨은 바삭하면서도 매콤달콤하다. 또한 튀김옷이 아주 가벼워 느끼함 없이 담백하다.

치킨과 함께 나오는 웨지 감자 역시 여느 냉동 웨지 감자와는 사이즈부터 다르며 그 바삭함이 먹는 내내 유지된다. 피클도 일반 치킨집의 깍두기 모양의 치킨 무가 아니라, 자몽주스를 이용해서 직접 만들어 상큼한 향이 치킨의 맛을 한층 업그레이드 시켜준다. 〈캔프〉에서 치킨만큼이나 인기 있는 것이 샐러드인데, 수제 샐러드드레싱의 과일 맛과 향이 여성들의 입맛을 사로잡기에 충분하다.

탭 맥주로는 국산 맥스가 서빙되는데, 탭과 노즐 관리가 아주 질 되어 맥주 잡내를 전혀 느낄 수 없는 부드럽고 고소한 크림 생맥주를 즐길 수 있다. 또한 셀프형 수입 맥주 냉장고가 있어 일반 치킨집에서 아쉬움을 느꼈을 맥주 마니아들의 입맛을 만족시켜 주고 있다.

치맥이라고 다 같은 치맥이 아니다. 다양한 수입 생맥주의 풍성함을 느낄 수 있고, 프랜차이즈 맛으로부터 우리를 구제해줄 〈캔프〉로 당장 달려가자.

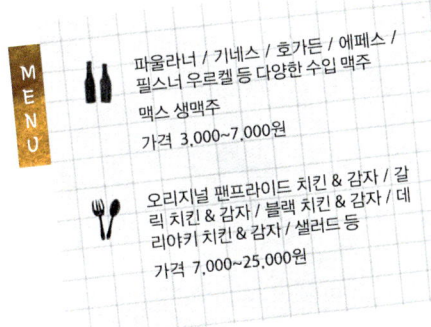

MENU

파울라너 / 기네스 / 호가든 / 에페스 / 필스너 우르켈 등 다양한 수입 맥주
맥스 생맥주
가격 3,000~7,000원

오리지널 팬프라이드 치킨 & 감자 / 갈릭 치킨 & 감자 / 블랙 치킨 & 감자 / 데리야키 치킨 & 감자 / 샐러드 등
가격 7,000~25,000원

지도 보기

캔프에 대해 더 궁금하다면?

11. 독일식 하우스 맥주를 매장에서 직접 양조하는 곳

때로는 우아하고 품격 있게
카리브 The Carib

🏠 서울시 강서구 가양동 1453-2(공항대로 271) 2002프라자 7, 8층

☎ 02-3662-2400

🚌 지하철 5호선 발산역 1, 2번 출구

🕐 7층 하우스 맥주 17:00~02:00 / 8층 레스토랑 10:30~24:00

🅿 가능

　이태원, 홍대, 강남 지역을 중심으로 수입 맥주와 크래프트 비어, 하우스 비어의 상권이 자리를 잡고 있다. 그 가운데 매장에서 직접 맥주를 만들어 내는 하우스 맥주의 터줏대감격인 〈카리브〉가 빠질 수 없다. 〈카리브〉는 마곡시대를 여는 강서구의 랜드마크로, 김포공항으로 가는 길목인 발산역 외식 1번지에 오랜 세월 우직하게 한 자리를 지키고 있다.

　15년 전 처음 문을 연 이후, 최근 서유럽풍의 감성과 클래식한 분위기로 새 단장을 했다. 이곳은 매장에서 직접 만든 수제 하우스 맥주를 맛볼 수 있는 몇 되지 않는 곳 중 하나다. 대량생산되는 대기업 기성 맥주 못지않게 저렴한 가격의 신선한 하우스 맥주를, 푸짐한 수제 소시지, 화덕 피자와 더불어 즐길 수 있다. 〈카리브〉의 브루마스터가 만들어내는 필스너Pilsner, 바이젠Weizen, 둥클레스Dunkles의 3가지 특색 있는 맥주들은 멸균 여과과정을 거치지 않아 효모가 살아있는 진정한 생맥주다. 독일식 필스너의 진수를 제대로 맛보고 싶다면 이곳의 홉 향 가득한 필스너를 추천한다.

　7층은 정통적인 비어 펍 인테리어에 맥주와 그에 페어링되는 요리들 위주로 서빙된다. 8층은 리뉴얼을 통해 홀을 중심으로 소규모 모임이 가능한 룸이 마련되어 있고, 창가 좌석은 어느 테이블에 앉아도 창밖의 전망을 한눈에 볼 수 있다. 앉은 위치마다 조도, 색상, 공간 배치 등을 달리하여 조금씩 다른 유럽풍 감성을 불어넣었으며, 밝으면서도 품격을 잃지 않도록 프리미엄 레스토랑으로 업그레이드했다.

　프리미엄 레스토랑답게 요리 또한 정통 이탈리안을 표방하고 있지만 손

맥주 양조 설비 시설도
발견할 수 있다.

넓은 공간 곳곳에 유럽풍의
감성이 물씬 느껴진다.

님들의 방문이 쉽도록 퓨전 스타일을 가미해 〈카리브〉만의 색을 엿볼 수 있는 메뉴를 선보이고 있다. 특히 새롭게 준비한 꽃게 파스타는 꽃게로 육수를 내어 진한 풍미를 느낄 수 있으며, 로제소스로 맛을 더했다.

전체 340평 규모로 3면이 전창유리로 빼어난 전망을 자랑한다. 7층, 8층 모두 이곳에서 만든 하우스 맥주를 즐길 수 있는데 7층은 20~30대, 8층은 30~40대의 손님들이 더 선호한다. 연인들의 행복한 데이트는 물론이며, 100명 이상의 단체 행사도 가능하여 맥주를 좋아하는 동호인들의 모임에도 적합하다.

〈카리브〉 매장에는 양조 설비들을 직접 볼 수 있어 수제 맥주에 관심이 있는 이들에게는 좋은 경험이 될 수 있다. 효모가 살아있는 제대로 된 생맥주를 마시고 싶을 때, 〈카리브〉에 들러 맥주 공장 견학을 온 듯한 기분에 빠져 보는 것도 좋으리라.

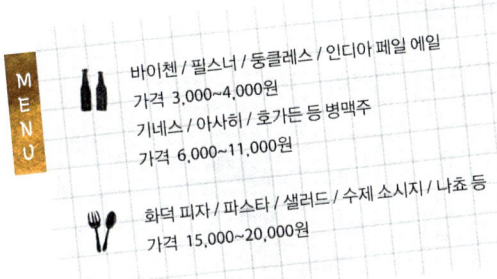

MENU

바이첸 / 필스너 / 둥클레스 / 인디아 페일 에일
가격 3,000~4,000원
기네스 / 아사히 / 호가든 등 병맥주
가격 6,000~11,000원

화덕 피자 / 파스타 / 샐러드 / 수제 소시지 / 나쵸 등
가격 15,000~20,000원

지도 보기

카리브에 대해
더 궁금하다면?

그대의 화끈한 변신은 무죄

와바 Wabar / 여의도 직영점

♥ 友 ↑

🏠 서울시 영등포구 여의도동 14-8(국회대로70길 15-1) 극동오피스텔 1층
☎ 02-761-4967
🚇 지하철 9호선 국회의사당역 1, 2번 출구 방향
🕐 매일 17:00~03:00
Ⓟ 불가능

맥주를 주문하면 당연히 생맥주거나 병맥주가 당연했던 시절이 있었다. 맥주 선택의 여지가 없던 그 시절, 맥주 불모지와 같던 우리나라에 세계맥주시장을 개척하고 그 길을 열어준 마치 선구자와 같은 업체가 있다. 바로 〈와바〉다.

14년 전 세계맥주를 국내에 소개한 〈와바〉는 다양한 변화를 꾀하며 지금까지 발전을 거듭해 왔다. 그중 〈와바〉 여의도 직영점은 2013년 겨울, 본격적인 크래프트 탭하우스로 탈바꿈해 대중들 앞에 크래프트 맥주를 선보이고 있다. 15개의 수입 맥주 탭과 30여 종의 병맥주, 그리고 하드리커와 칵테일까지, 이 모든 것들이 맥주 마니아들의 입맛을 자극한다. 〈와바〉 여의도 직영점에서는 특정 지역이나 스타일에 국한되지 않은 대중적인 스타일의 다양한 맥주를 신선한 탭으로 즐길 수 있으며, 이태원보다 훨씬 저렴한 가격으로 만날 수 있다.

아무리 탭이 많아도 회전율이 떨어지면 그 맥주의 신선도를 의심하지 않

무려 15개의 수입 맥주 탭이
구비되어 있으며 오픈한지
얼마 지나지 않은 케그에서
신선한 맥주를 제공한다.

넓은 내부 공간은 세련된 인테리어로
꾸며져 있어 여의도 전문직 직장인들의
발길이 끊이지 않고 있다.

을 수 없다. 하지만 이곳은 이미 맥주 마니아들에게 잘 알려져 있어 늘 매장이 붐비고, 그만큼 맥주 소비량이 많아 항상 갓 오픈한 케그의 신선한 탭 맥주를 즐길 수 있다. 특히 영국 여행에서 맛보았던 피쉬 & 칩스를 그리워하는 이들에게는 이곳에서 직접 만든 수제 피쉬 & 칩스를 적극 추천한다. 영국 현지에서 만들어진 것과 같은 맛을 내는 피쉬 & 칩스를 국내에서 찾기란 여간 어려운 일이 아니다. 하지만 이곳에 가면 냉동이 아닌 제대로 된 피쉬 & 칩스를 맛있는 영국 탭 맥주와 즐길 수 있다.

여의도 오피스 상권의 외국인 손님들도 〈와바〉를 꾸준히 찾고 있으며, 쓴 소주나 단조로운 국내 맥주를 원치 않는 여성 손님의 증가세도 가파르다. 또한 동시에 100여 명을 수용할 수 있는 넓고 탁 트인 공간과 내부의 세련된 인테리어는 여의도 지역의 전문직 직장인들의 퇴근 후 모임 자리로 최고다. 특히 회식 문화의 변화로 폭탄주를 부어라 마셔라 하는 분위기에서 개성 있는 크래프트 비어를 즐기는 문화가 자리 잡기 시작해 인기가 더욱 높아지고 있다. 더욱이 여의도 상권의 특성상 주말 동호인들의 모임 장소로 이곳만큼 제격인 곳이 없다. '맥주야놀자' 동호회 역시 이곳에서, 분기별로 맥주에 대한 테마를 가지고 아이디어 닥터로 유명한 브랜드 마케터 이장우 박사와 함께 맥주 애호가들이 함께 어우러지는 행사를 열고 있다.

필젠 버거스 / 골든 클라우드 / 블랙 로스팅 에일 / 그레이트 화이트 / 인디카 IPA / 앰버 마일드 / 크롬바커 필스 / 아르코 헤페 / 산토리 프리미엄 몰츠 / 기네스 / 하이네켄 / 파울라너 헤페 등 수입 병맥주 30여 종
탭 맥주, 위스키, 칵테일 등
가격(평균) 7,000원

수제 피쉬 & 칩스 / 피자 / 샐러드 / 소시지 / 치킨 / 바비큐 립 등
가격 10,000~20,000원

지도 보기

와바에 대해 더 궁금하다면?

13. 전국에서 가장 저렴한 수제 맥주와 피자의 콜라보레이션

오늘만큼은 나도 뉴요커
브롱스 Bronx

🏠 서울시 관악구 남현동 1061-23(과천대로 947) 사당타워 B1

☎ 02-522-1206

🚌 지하철 2, 4호선 사당역 4번 출구

🕐 17:00~01:00

🅿 불가능

 사당역 주변, 특히 4번 출구 주변은 인근 과천, 안양, 군포, 수원 등으로
출퇴근하는 이들로 인해 유동 인구가 많다. 그만큼 밤이면 수많은 사람들로
활기를 띠는 곳이기도 하다. 하지만 거대한 상권이 발달한 것에 비해 맥주
애호가들은 마땅히 어딜 가야 할지 몰라 고민한다.

 방황하는 이들에게 주저 없이 〈브롱스〉를 권한다. 사당역 4번 출구를 나
오면 쉽게 찾을 수 있다. 고등학교 동창 4명이 의기투합해 오픈한 맥줏집으
로 인터넷 커뮤니티에 올린 글과 댓글이 유머글로 소개되면서 인기를 끌기
시작했다. 4명의 오너들은 〈브롱스〉를 런칭하기 전, 3평 남짓한 옥탑방에서
1년 동안 동고동락하며 피자와 브랜드를 개발했다고 한다.

 이곳에서는 수제 맥주의 대중화를 위해 국내에서 가장 저렴하게 수제 맥
주를 제공하고 있다. 브롱스는 뉴욕의 자치구 중 하나인데, 〈브롱스〉에 가
면 뉴욕의 그곳에 와 있는듯한 풍경 속에서 수제 맥주와 미국식 피자를 즐
길 수 있다.

 이곳에서는 수제 맥주 400cc 1잔을 3,900원(4종류), 4,900원(2종류)에 만
나볼 수 있다. 현재 국내에서 판매되는 수제 맥주 중 가장 저렴한 가격으로
알려져 있다. 강남권의 웬만한 호프집, 치킨집에서도 대량생산되는 대기업
맥주가 4,000원이 넘는 것을 감안하면 맥주 애호가들에게는 너무나 반가운
소식이 아닐 수 없다. 맥아 함량도 불분명한 대기업의 라거 일색의 맥주에
서 벗어나 새로운 맛과 향, 색의 맥주를 맘껏 음미하며 즐길 수 있는 기회다.

 〈브롱스〉는 맥주의 보관과 관리도 칠저히 히고 있다. 입고된 맥주는 항상
냉장창고에 저온 보관하고 있으며, 판매하는 맥주는 냉각기를 사용하지 않
고 맥주 전용 냉장고에 보관하여 최상의 맛을 내도록 노력하고 있다. 매일 맥
주 냉장고, 노즐, 탭을 청소하며 철저히 위생 관리를 하고 있음은 물론이다.

요즘 대세로 떠오른
피맥 콜라보레이션을
착한 가격에 맛볼 수 있다.

이곳의 메인 메뉴인 클래식 치즈 피자, 페퍼로니 피자는 18인치 (약 46cm)로 도우가 두껍지 않은 깔끔한 스타일의 피자다. 조각 단위는 한판을 6등분 한 크기로 상당히 큼직하다. 일반적인 대형 사이즈 피자와는 달리 이곳의 피자는 도우가 얇아 피자의 섬세한 맛을 즐길 수 있어 특히나 여성분들의 입맛에 안성맞춤이다. 치즈는 100% 자연산 치즈로 블록단위의 치즈를 수입하고 국내에서 분쇄하여 매우 신선하다.

퇴근 후 또는 특별한 사람과의 만남이 있는 날, 〈브롱스〉를 떠올려 보자. 〈브롱스〉는 누구나 수제 맥주를 피자와 더불이 부담 없이 즐길 수 있는 곳이다.

MENU

수제 맥주 6종: 씨트린 필스너 / 토파즈 바이젠 / 쉐일릿 골든 에일 / 오닉스 다크 에일 / 지르콘 페일 에일 / 스피넬 IPA

가격 3,900~4,900원
샘플러(수제 맥주 6종+국내 맥주 맥스 1종) 7,000원

페퍼로니 피자: 1판 (18cm) 22,000원 / 1조각(1/6) 4,000원
클래식 치즈 피자: 1판(18cm) 22,000원 / 1조각(1/6) 4,000원
고르곤졸라 피자 13,000원
해쉬포테이토 7,000원

지도 보기

브롱스에 대해 더 궁금하다연?

맥주 용어 I

캐스크 cask

여과하지 않은 맥주를 넣어 자연 숙성시키기 위해 사용되는 용기를 말한다.

케그 keg

멸균 과정을 거친 완성된 맥주를 운반·보관·서빙하기 위한 금속용기를 말한다. 맥주 제조사에 따라 10~25L로 용량이 다양하며, 보통 생맥주라 불리는 탭 맥주 서빙에 사용된다. 제조사에 따라 5L 용량의 파티용 케그가 소매 유통되는 제품들도 있다.

헤드 head

맥주를 따를 때 형성되는 거품으로 맥주의 특성에 따라 헤드의 풍성함이나 촉감이 다르다. 같은 맥주라 해도 서빙되는 맥주의 온도, 잔의 온도, 잔의 청결도에 따라 헤드가 다르게 형성될 수 있다.

헤드 지속력

맥주의 거품이 얼마나 오래 유지되는가를 나타내는 표현으로, 맥주의 특성이나 온도, 잔에 남아있는 잔여물, 입에서 묻어 나오는 기름기 등에 따라 지속력이 달라질 수 있다.

레이싱 lacing

맥주를 마신 후 잔에 남는 맥주의 잔상이다. 원형으로 남거나 흘러내리는 모양으로 남을 수 있다. 일본 아사히 맥주 광고에서 엔젤링이라는 표현을 쓰기 시작해 우리나라에서는 엔젤링이라고 알려져 있지만 레이싱이 올바른 표현이다. 또한 레이싱이 좋은 맥주의 지표인 것처럼 알고 있는데 실상은 맥주스타일에 따라 다른 특성을 띠는 것으로 맥주의 품질과는 큰 관련이 없다.

탭 비어 tab beer

병 또는 캔맥주와 달리 펍에서 케그와 연결해 탭을 통해 따라주는 맥주로 생맥주와 상통한다. 하지만 생맥주라는 표현이 반드시 비멸균, 비여과 맥주를 의미하는 것은 아니다.

크래프트 비어 craft beer

대형 양조장에서 자동화된 공정에서 생산되는 맥주와는 달리 마이크로 브루어리, 브루 펍 등의 소규모 양조장에서 다양한 제조 방식으로 소량생산되는 수제 맥주다. 드래프트 비어 (draft beer, draught beer)라고도 하며, 일반적인 탭 비어와 같은 의미로 많이 사용된다.

생맥주

원칙적으로는 멸균 여과 처리하지 않은 맥주를 의미하지만 우리나라에서는 보통 케그통에 담겨 탭으로 서빙되는 맥주를 말한다. 국내 생맥주는 비멸균, 비여과 처리된 맥주는 거의 없다. 따라서 병맥주와 캔맥주, 생맥주 모두 같은 맥주라고 생각하면 된다. 다만 어떤 용기에 담았느냐의 차이만 있을 뿐이다.

브루어리 brewery

맥주 양조장으로 맥주가 생산되는 곳을 통칭한다. 가정에서 이루어지는 홈브루어리부터 오비나 하이트 같은 대규모 브루어리까지 다양한 크기로 존재한다. 일반적인 상업용 브루어리는 담금조, 여과조, 끓임조, 월풀, 발효조, 숙성조 등으로 분리된 양조 탱크 시설을 갖추고 있다.

브루마스터 brew master

맥주 양조 기술자를 일컫는 말로 원래는 대학에서 양조 분야의 학위를 받은 사람을 가리키지만 넓은 의미로 맥주의 제조와 품질 관리 등을 총괄하는 사람을 말한다.

마이크로 브루어리 micro brewery

완전 자동화된 대규모 공장에서 대량생산을 하는 맥주 공장과 달리 소규모 양조장이나 맥주 판매 펍에서 맥주를 생산하는 곳을 말한다. 우리나라의 경우 연간 맥주 생산량 60~300kl의 제조장을 말한다.

하우스 맥주 house beer

맥주가 판매되는 펍에서 자체 생산된 맥주를 말한다. 요즘은 꼭 매장에서 만들어지지 않았더라도 마이크로 브루어리에서 만들어진 맥주를 일반적으로 하우스 맥주로 같이 부른다.

02

한강 윗동네 펍 기행

North Side of Han-river

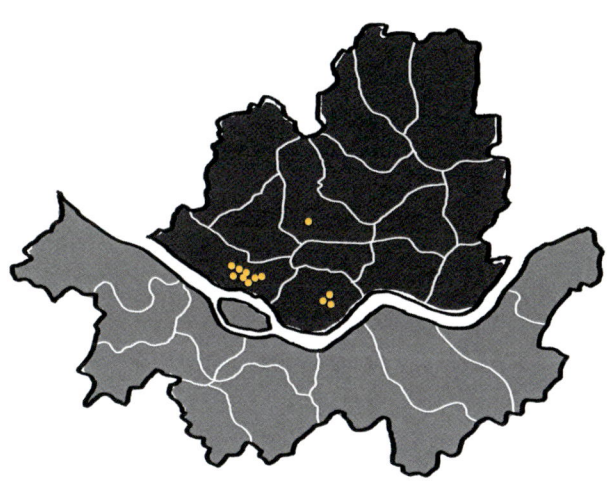

1. 홈브루어 오너가 크래프트 맥주시장에 도전장을 던지다

열정 가득한 특별함을 마시다
로비본드 Lovibond

🏠 서울시 용산구 이태원동 34-14(이태원로136-1) B1

☎ 02-7773-6337

🚇 지하철 6호선 녹사평역 3번 출구 도보 5분 / 6호선 이태원역 4번 출구 도보 6분

🕐 월~목 17:00~24:00 / 금 17:00~02:00 / 토 14:00~02:00 / 일 14:00~24:00

🅿 평일 불가 / 주말은 용산구청 주차 후 펍 영수증 제출(2시간 무료)

집에서 맥주를 만드는 홈브루잉을 즐기던 오너의 풍부한 경험과 창의적인 레시피가 만났다! 자체적으로 개발한 맥주를 선보이며, 이태원 상권에 새로운 도전장을 내민 〈로비본드〉.

이곳의 가장 큰 매력이라면, 오너가 오랜 기간 자가 양조를 해왔다는 것이다. 믿음이 가지 않을 수 없다. 이곳의 오너는 맥주시장이 지금처럼 다양해지기 훨씬 전 하나같이 똑같은, 맥아 함량이 얼마인지도 모르는 라거 일색의 국내 대기업 맥주에 실망을 느꼈다고 한다. 이후 스스로 공부하며 맥주를 만들어 마시는 홈브루어가 되었고, 이제는 많은 사람들과 좋은 맥주를 나눠 마셔야겠다는 생각에 맥주시장의 핫플레이스인 이태원에 펍을 열었다.

"참신한 자체 맥주를 개발해 저렴한 가격에 맛보여주고 싶다는 생각이 제일 컸어요. 또 다른 한 가지는 맛있는 음식을 함께 즐길 수 있는 캐주얼 크래프트 펍을 만들어 보고 싶었죠. 푸드 페어링에 신경을 잘 써서 좋은 음식과 최상의 맥주를 균형감 있게 손님들께 선보이고자 펍을 오픈했어요."

오너의 말 그대로 최상의 하우스 비어가 제공된다.

산뜻한 열대과일 향이 은은하게 퍼지며 시트러스함이 조화로운 시그니처 페일 에일인 트로피컬 페일 에일Tropical Pale Ale은 부드럽고 자극적이지 않은 맛과 향을 자랑한다. 부담 없이 마시기 쉬우며 어떤 요리와도 잘 페어링되는 맥주. 또 다른 하우스 비어인 에스프레소 포터Esspresso Porter는 짙게 로스팅한 커피와 다크 초콜릿의 풍미가 입맛을 자극한다. 다크 에일로 홉과 몰트의 밸런스가 아름다운 로비본드만의 자체 레시피다. 자체 레시피 맥주

수제 맥주의 풍미를
한껏 살려줄 편안하고
아늑한 공간이다.

외에도 다양한 스타일의 게스트 탭과 크래프트 비어가 준비되어 있다.

위치가 위치인 만큼 외국인들이 자주 찾는 곳이며, 주로 오며 가며 가볍게 즐길 수 있는 바에 많은 사람들이 앉는다. 특히, 쓴 소주나 밍밍한 맥주에 식상함을 느끼는 예민한 미각과 후각을 가진 젊은 여성들이 가장 많이 찾고 있다.

〈로비본드〉의 맥주스타일은 과감하고 공격적이기보다는 누구나 즐겨 마시기 쉬운, 기본에 충실한 탄탄한 양조를 선보이고 있다. 물론 계절과 잘 어울리는 시즈널 한정 맥주와 스페셜 맥주에는 혁신적인 과감함을 불어 넣을 것이라고 한다. 무엇보다 〈로비본드〉가 많이 신경 쓰는 점은 사칫 소홀해질 수도 있는 맛있는 펍 메뉴의 개발이다. 다양한 맥주와 잘 페어링될 수 있도록 자극적이지 않은 요리를 위주로 메뉴를 구성하고 있다. 가격도 저렴하다.

음식과 맥주의 궁합을 통해 누구라도 편안하게 크래프트 맥주를 접하고 동시에 이곳의 아늑한 공간에서 행복한 경험을 가져갈 수 있도록 하는 것이 〈로비본드〉의 소박하지만 당찬 포부다.

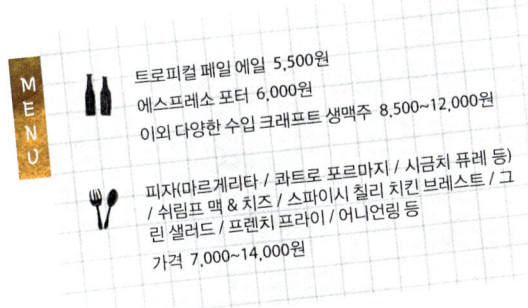

MENU

트로피컬 페일 에일 5,500원
에스프레소 포터 6,000원
이외 다양한 수입 크래프트 생맥주 8,500~12,000원

피자마르게리타 / 콰트로 포르마지 / 시금치 퓨레 등)
/ 쉬림프 맥 & 치즈 / 스파이시 칠리 치킨 브레스트 / 그
린 샐러드 / 프렌치 프라이 / 어니언링 등
가격 7,000~14,000원

지도 보기

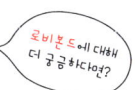
로비본드에 대해
더 궁금하다면?

단지, 그저, 맥주가 좋아
사계 THE FOUR SEASONS

🏠 서울시 용산구 이태원동 130-4(보광로59길 7) B1
☎ 070-8882-8102
🚌 지하철 6호선 이태원역 4번 출구 도보 2분
🕐 월~목 17:00~24:00 / 금 17:00~01:00 / 토 14:00~01:00 / 일 14:00~24:00
🅿 불가능

맥주가 좋아 맥주를 만들어 마시고 맥주 정보 사이트를 운영해왔던 5인이 뭉쳐 맥덕들의 성지 이태원에 비어 펍 〈사계〉를 오픈했다. 이들은 맥주에 대한 열정과 사랑을 온라인에서만 펼치기에는 항상 부족함을 느꼈다고 한다. 그래서 한 걸음 나아가 좋은 맥주의 대중화를 꿈꾸며, 5인의 운영자가 공동으로 펍을 오픈하기에 이르렀다.

"아이디어만 충만할 뿐 업장이 있는 것과 없는 것의 차이가 너무나도 크더군요. 저희가 가지고 있는 다양한 홈브루잉에 기반한 아이디어와 혁신적인 레시피를 상품으로 만들어 손님들과 교감하고 싶었고, 국내 맥주 업계에 다양한 스타일의 저변을 넓히고 싶었어요. 그리고 안정적인 교육장의 확보를 원

깔끔하게 정돈된 실내.
5인의 브루어들이 각양각색으로
만들어내는 맥주 맛이 궁금해진다.

했죠. 맥주 교육 프로그램들을 편하게 시행할 수 있는 교육 시설을 갖추고 싶었어요. 이 두 가지가 펍을 열게 된 가장 큰 동기예요."

펍에 들어서면 바에서 혼자 맥주를 즐기는 이들도 어렵지 않게 발견할 수 있고, 곳곳에서 들리는 영어 대화도 낯설지 않다.

〈사계〉에서는 자체 레시피로 제작한 맥주인 노을을 포함하여 시즈널 맥주, 그 외 일반 펍에서 쉽게 맛볼 수 없는 독특한 10종 내외의 탭 맥주를 만나 볼 수 있다. 게다가 국내 맥주 애호가들에게 선보이기 위해 병맥주도 엄선하여 수시로 업데이트하고 있다. 맥주의 순환을 짧게 하기 위해서 탭 수

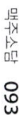

바에서도 부담 없이 분위기를 즐기며 맥주를 마실 수 있다.

를 10개 이상은 늘리지 않는다고 한다.

　시그니처 격인 노을 에일Sunset Ale은 아메리칸 엠버 에일 스타일의 맥주로, 자체 레시피를 가평에 위치한 양조장에 위탁 생산하여 만들었다. 자몽, 감귤, 송진, 솔잎, 풀 등의 아로마와 홉의 향이 맛과 조화를 이루며, 몰트의 맛과 캐러멜의 단맛이 잘 어울리는 맥주다. 경쾌하고 상큼한 맛과 묵직한 보디감을 동시에 느끼고 싶다면 노을을 추천한다.

　여름 시즈널 맥주인 반딧불 페일 에일Firefly Light Pale Ale은 아메리칸 페일 에일 스타일로, 소비뇽 블랑 포도(백포도주를 만드는 대표적인 포도 품종)와 맛이 흡사한 뉴질랜드산 넬슨 소빈 홉을 사용하여 맛과 향을 냈다. 은은하고 부드러운 포도와 복숭아 향, 그리고 살구와 청량한 오렌지의 풍미가 어우러

지는 맥주다.

　미리내 코코넛 스타우트Mirinae Coconut Stout는 기네스와 같은 드라이 스타우트 맥주다. 초콜릿과 커피의 맛을 풍성하게 가진 스타우트에 고소하고 달콤한 코코넛을 첨가했다.

　이곳의 대표 메뉴인 뉘른베르거 소시지는 독일 뉘른베르크 지방에서 즐겨 먹는 소시지로, 후추를 비롯한 여러 가지 향신료를 사용하여 매콤하면서도 고기의 잡내를 없애주어 맥주를 부르는 멋진 페어링 요리다.

　국내 맥주시장에 대해 5인의 오너들은 말한다.

　　"우리나라 사람들은 뭐든지 화끈하고 속도가 빠른 것 같아요. 맥주시장 역시 예외는 아니죠. 뒤늦게 시작된 크래프트 열풍에도 불구하고 하루가 멀다하고 맥주 마시기 좋은 환경이 갖춰지고 있으니까요. 자체 레시피로 독특한 맥주를 선보이는 업장들이 늘어나고 있고, 자체 레시피는 아니지만 질 좋은 맥주를 선별하고 철저하게 관리하여 손님들에게 공급하는 훌륭한 펍들도 많아지고 있죠. 맥주를 좋아해 주시고 찾아주시는 분들도 많아졌고, 대중의 인식도 점차 긍정적으로 바뀌고 있음을 느껴요. 국내 맥주시장의 분위기도 계속 상승하겠죠. 하지만 거품이 한 번 꺼지는 시점이 있을 거라고 봐요. 그 이후 시장이 재편되어 조금 더 성숙한 분위기가 만들어지고 손님들 역시 한때의 유행에 따라 마시던 것에서 진성 맥주를 사랑하는 분들로 가려질 거라 생각해요. 그때를 위해 각자 펍들이 업장의 철학을 다지고 맥주 품질 향상에 노력을 기울여야겠죠."

오너들의 맥주에 대한 사랑과 포부가 남다르다. 앞으로도 다양한 스타일의 맥주들을 과감히 선보일 것이라 한다. 경험 많은 홈브루어이자 공동 오너인 5인이 내부적인 경쟁을 통해 레시피를 선별·보완하고 있으며, 그간 국내에서 쉽게 볼 수 없었던 새로운 스타일의 맥주를 완성도 있게 양조하여 시장에 내놓는 것이 가장 큰 목표라 했다. 더불어 다양한 시음 교육 등 아카데믹한 맥주의 모습들도 〈사계〉를 통해 차근차근 구현해 나갈 예정이란다. 기대가 된다.

MENU

노을 / 미리내 / 반딧불 등의 시즌 맥주
레드실 엠버 에일 / 셀리스 화이트 / 퓰러스
ESB 등 10여 종의 탭 비어
가격 5,500~12,000원
병맥주 7,000~28,000원

뉘른베르거 소시지 / 커리부르스트 / 플람스
(프랑스식 씬 피자) / 자체 개발 샌드위치 2종
/ 감자튀김 / 다양한 쿠키 및 제과류
가격 7,500~10,000원

지도 보기

사계에 대해
더 궁금하다면?

맥주 맛에 퐁당 분위기에 퐁당
메이드인퐁당 Made in PONGDANG

🏠 서울시 용산구 이태원동 561(녹사평대로 222-1) 2층

☎ 02-790-3875

🚇 지하철 6호선 녹사평역 2번 출구 방향

🕐 월~목 16:00~24:00 / 금 16:00~02:00 / 토 13:00~02:00 / 일 13:00~23:00

🅿 불가능

좋은 맥주를 찾아 여기저기 합핑(옮겨 다니며 즐기는 것)하는 맥주 마니아라면 '퐁당'은 이미 익숙할지도 모르겠다. 세계병맥주를 즐길 수 있는 맥주창고 스타일의 〈비어퐁당〉, 다양한 생맥주들을 즐길 수 있는 탭하우스 〈퐁당 크래프트 비어 컴퍼니〉, 그리고 퐁당만의 고유 레시피로 맥주를 위탁 생산하여 판매하는 수제맥줏집 〈메이드인퐁당〉. 이 중 이태원 경리단길 상권에 위치한 〈메이드인퐁당〉에서는 맥주를 위탁 생산하여 퐁당만의 3가지 시리즈를 선보이며 많은 사람들의 발길을 붙잡고 있다.

첫 번째는 퐁당의 대표 YEAR-ROUND 맥주 시리즈인 시그니처 시리즈다. 입안 가득 퍼지는 오렌지의 달콤 쌉싸름한 맛과 청사과, 레몬의 상큼함이 은은하게 느껴지는 벨지안 블론드 에일Belgian Blonde Ale이다.

두 번째는 퐁당의 시즌한정맥주인 리미티드 시리즈다. 에스프레소의 깊

〈퐁당〉에서 선보이고 있는
3가지 수제 맥주 시리즈다.

으면서도 고소한 기분 좋은 쓴맛과 초콜릿의 풍미가 살짝 어우러진, 마치 샤케라또(에스프레소를 얼음과 함께 흔들어 만든 커피)를 연상케 하는 여름 시즈널 맥주인 에스프레소 스타우트Espresso Stout가 있다.

세 번째는 홉의 특성을 알아보는 맥주 시리즈인 싱글 홉 시리즈다. 맥주의 맛과 향에 결정적인 영향을 주는 홉을 한 가지만 사용하여 그 홉만의 특성을 강하게 느껴볼 수 있도록 만들어진 맥주다. 모자익 홉과 시트라 홉으로 만든 모자익 페일 에일Mosaic Pale Ale과 시트라 페일 에일Citra Pale Ale을 판매 중이며, 이어서 센테니얼 홉, 심코 홉으로도 맥주를 만들 예정이라고 한다.

라거 맥주는 치킨과 함께하는 '치맥'에 이어 에일 맥주는 피자와 함께하는 '피맥'의 시대가 열렸지만, 〈메이느인퐁딩〉은 여타 펍에서 즐길 수 있는 요리는 배제하고, 한국 음식이 향과 맛이 강해 에일 맥주와 어울리지 않는다는 편견을 타파하고자 페어링 메뉴들을 한국식으로 재해석한 퓨전 비어-푸드 페어링을 시도하고 있다.

한국식에 맞춰 새롭게 탄생한
떡갈비 핫도그와 연두부 & 리코타치즈 샐러드,
맥주 푸드 페어링에 빠질 수 없는
치즈 플래터와 모둠 넛츠까지

그래서 이곳의 핫도그는 미국식 소시지가 들어간 핫도그가 아닌 한국식으로 재해석한 떡갈비 핫도그다. 직접 빚은 떡갈비를 소시지 대신 사용하고, 아메리칸 치즈, 피클, 양상추를 넣어 담백한 맛을 살렸다. 샐러드를 한국식으로 재해석한 연두부 & 리코타치즈 샐러드도 있다. 연두부에 백김치를 곁들이고, 리코타치즈와 블루베리, 양상추, 닭가슴살, 아몬드에 발사믹소스를 더해 담백하면서도 깔끔한 맛이 일품이다.

이외에 맥주의 궁합에 있어 우리에게는 조금 생소하지만 비어-푸드페어링 가이드에 빠지지 않는 치즈를 이용한 치즈 플래터, 고소한 맛과 함께 가볍게 즐길 수 있는 모둠 넛츠 등이 준비되어 있다.

> "〈메이드인퐁당〉만의 맥주와 페어링 메뉴를 계속해서 선보이기 위해 꾸준한 연구와 노력을 하고 있어요. 우리나라에도 폭탄주 문화를 지양하고, 좀 더 즐기는 성숙한 음주 문화가 자리 잡았으면 해요."

MENU

시그니처 시리즈: 벨지안 블론드 에일
리미티드 시리즈: 에스프레소 스타우트
싱글 홉 시리즈: 모자익 페일 에일 / 시트라 페일 에일 / 센테니얼 페일 에일 / 심코 페일 에일

가격 5,500~6,500원

떡갈비 핫도그 6,000원
연두부 & 리코타치즈 샐러드 9,000원
파마산 그릴드 콘 6,000원
모둠 넛츠 8,000원
수제 참숯 바베큐포 12,000원
치즈 플래터 12,000원
모둠 소시지 15,000원

지도 보기

메이드인퐁당에 대해 더 궁금하다면?

4. 아시아컵 금상에 빛나는 우리나라 크래프트 비어의 자존심

으리으리한 맥주가 왔다
플래티넘 비어 펍 Platinum Beer Pub

🏠 서울시 마포구 서교동 345-24(와우산로23길 35-9)

☎ 070-4143-8081

🚌 지하철 2호선, 공항철도, 경의선 홍대입구역 9번 출구 방향

🕐 17:30~01:00 / 일요일 휴무

🅿 불가능

이태원과 함께 우리나라 맥주 문화의 새로운 움직임을 선도하고 있는 홍대입구. 그곳에 가면 국내 맥주 장인이 혼을 담아 빚어낸 맥주를 저렴한 가격에 즐길 수 있는 펍이 있다. 3층으로 된 널찍한 실내공간과 옥상 테라스의 여유로운 좌석까지 구비된 〈플래티넘 비어 펍〉이다. 날씨가 좋을 때는 야외에서 시원한 바람을 벗 삼아 맥주를 마실 수도 있어 더욱 끌린다.

〈플래티넘 비어 펍〉의 모든 맥주는 맥주 명인 윤정훈 이사의 감독하에 만들어지는데, 윤 이사는 일본의 JCDB Tokyo, 독일의 Europe Beer Star, 미국의 World Beer Cup 맥주대회 심사위원을 역임한 미국 UNLV, UC Davis 출신의 브루마스터다.

특히 플래티넘 브루어리는 세계최고 수준의 연구실과 제조 발효실 및 위생설비를 완비하고 있으며, 여기서 생산된 플래티넘 오트밀 스타우트 Platinum Oatmeal Stout는 2014년 Asia Beer Cup에서 일본을 제치고 금상을 수상하기도 했다. 앞으로 미주, 유럽 대회에서까지 금상을 수상하는 것이 윤이사의 포부라고 한다.

저렴하고 푸짐한 요리와 환상적인 맥주의 조합, 그리고 층별로 꾸며진 멋진 인테리어는 홍대를 찾는 젊은 연인들과 맥주 마니아들의 발길을 잡기에 충분하다. 세련되고 모던한 인테리어에, 탁 트인 옥상 테라스, 거기에 브릭 오븐에 구워 나오는 피자, 수제 소시지와 함께하는 정통 수제 맥주의 맛은 한 잔으론 절대 부족하다.

브릭 오븐 피자, 수제 소시지와 더불어 이곳의 자랑인 골뱅이 무침 역시 호시탐탐 여성들의 입맛을 노리고 있다. 이곳의 골뱅이는 흔한 마트의 통조림 골뱅이와는 그 사이즈부터 확연히 다르다. 보통 한 번에 두세 개씩 먹어도 부족한 곰뱅이와는 달리 사선으로 몇 슬라이스를 해도 남는 거대한 사이즈의 골뱅이를 사용한다. 거기다 섬세한 맥주의 향을 감소시키지 않게 양념도 마일드하게 꾸며져 여성들의 인기를 독차지 하고 있다.

플래디넘 맥주는 그 맛과 질을 인정받아 한류 열풍까지 일고 있어 중국과

연한 코발트블루의 외관이 멋스럽다.
3층으로 된 널찍한 공간에서
맥주 명인의 손끝에서 탄생한
크래프트 비어의 풍미를 느껴보자.

실내는 물론 야외 테라스에서도
시원하게 한잔할 수 있다.

베트남 시장에까지 맥주를 공급하는, 소위 국위선양 맥주이기도 하다. 〈플래티넘 비어 펍〉에서는 품질 관리에 까다로운 맥주 장인의 엄격한 관리하에 생산된 지 얼마 되지 않은 맥주를 최단 시간에 소비하며, 철저한 맥주 탭과 노즐 관리로 더욱 신선하고 맛있는 맥주를 즐길 수 있다. 이미 외국인들 사이에까지 입소문이 나기 시작했다고 한다.

부담 없는 가격에 크래프트 비어와 맛있는 음식을 이곳 〈플래티넘 비어 펍〉에서 즐겨보는 것은 어떨까?

MENU

플래티넘 페일 에일 5,000원
플래티넘 스트롱 페일 에일 5,000원
플래티넘 골드 5,000원
플래티넘 라이트 5,000원
플래티넘 오트밀 스타우트 5,000원
5종 샘플러 15,000원

화덕 피자 15,000원
프라이드 치킨 15,000원
수제 소시지 14,000원
따블라쌈 10,000원
감자튀김 7,000원
나쵸 5,000원 등

지도 보기

몽글몽글 낭만이 피는 곳
캐슬프라하 Castle Praha

♥ 友 ♊ 👔

🏠 서울시 마포구 서교동 395-19(독막로7길 59) 1, 2층
☎ 02-337-6644
🚌 지하철 2, 6호선 합정역 3번 출구 방향 / 6호선 상수역 1번 출구 방향
🕐 연중무휴(추석, 설날 당일 제외) / 월~목 12:00~02:00 / 금, 토, 공휴일 전일 12:00~03:00 /
　 일, 공휴일 12:00~01:00
🅿 6대까지 가능(18:00부터 가능) / 근처 공영주차장 이용 권장

　　요즘 필스너의 본고장 체코로 맥주 여행을 떠날 만큼 체코 맥주의 인기가 치솟고 있다. 시간과 여유가 생겨 배낭 하나 메고 비행기에 올라타 체코로 맥주 여행을 떠날 수 있다면 이보다 더 좋을 순 없겠지만 바쁜 업무와 일상이 걸림돌이 되곤 한다.

　　그렇다면 홍대의 〈캐슬프라하〉는 어떨까? 서울 한복판에서 제대로 체코를 느껴볼 수 있을 것이다. 건물 외관부터 심상치 않은 포스가 느껴진다. 체코의 수도 프라하의 시청사 광장 오를로이 천문시계를 그대로 재현해 놓은 〈캐슬프라하〉. 체코의 탭 맥주와 체코식 돼지 족발요리인 꼴레뇨를 즐길 수 있는 매력 넘치는 곳이다.

　　우리나라에 장충동 족발이 있고 독일에 슈바이네 학센이 있다면, 체코엔 꼴레뇨가 있다. 꼴레뇨는 바삭한 껍질까지 모두 즐기는 체코식 돼지 족발요리로, 〈캐슬프라하〉에 가면 그 맛을 그대로 맛볼 수 있다. 정통 체코 펍 스타일의 1층에서는 편안한 분위기에서 체코 맥주를 즐길 수 있다. 한쪽에는 테

체코 시청광장의
오를로이 천문시계탑을
그대로 홍대에 재현했다.

정통 체코 펍
스타일의 1층

클래식한 유러피안
스타일의 2층

바싹한 체코식 돼지 족발요리 꼴레뇨

쇠고기, 양파, 고추, 파프리카 등으로
만든 매콤함 수프인 비프 굴라쉬

라스가 위치하고 있어 탁 트인 공간에서 여유로운 오후의 운치를 즐기기에 안성맞춤이다. 2층은 클래식한 유러피안 스타일로 꾸며져 있다. 맥주뿐 아니라 와인과 다이닝을 함께 즐길 수 있으며, 젊음과 열정이 가득한 홍대 거리의 정취를 한눈에 감상할 수도 있다.

이곳에서는 6가지 체코 맥주를 한 번에 즐길 수 있는 캐슬프라하 샘플러가 나온다. 바싹한 껍질까지 즐기는 꼴레뇨를 이와 함께 맛본다면 최상의 조합이 될 것이다. 또한 2013년 World Beer Awards에서 세계최고 밀 맥주로 선정된 프리마토 바이젠Primator Weizen의 잘 익은 오렌지 향과 바나나 향을 그릴 풍미 가득한 구운 버섯 샐러드나 신선한 치킨 시저 샐러드와 함께 마셔보는 것도 추천한다.

전통 체코 음식 외에도 화덕에서 갓 구워낸 수제 피자, 국내 최고의 맛을 자랑하는 100% 하우스 메이드 수제 소시지 등 다양한 음식도 즐길 수 있다.

2003년 강남에 1호점 오픈을 시작으로 홍대점을 비롯해 한남동에 캐슬프라하의 프리미엄 브랜드인 〈보헤미안 비스트로 프라하〉와 이태원 해밀턴호텔 뒷거리에 체코 맥주 전문펍인 〈펍 앤 그릴 프라하〉, 〈라운지 프라하〉를 함께 운영하고 있다.

특히, 홍대점은 건물 4층에 주한체코문화원이 자리하고 있다. 주한체코문화원은 대한민국에서 5번째(독일, 프랑스, 영국, 이탈리아 다음)로 설립된 유럽 문화원으로, 체코 문화를 간접적으로나마 체험할 수 있는 곳이다.

맥주는 그저 단순한 알코올음료가 아니다. 오감을 동원해 추억을 만드는 복합 문화 결정체. 〈캐슬프라하〉에서 체코의 전통음식과 맥주와 함께, 체코에서의 추억을 떠올리거나 혹시 모를 앞으로의 체코 여행에 대한 로망을 꿈꿔보는 건 어떨까? 더불어 주한체코문화원을 통해 체코 문화를 경험해본다면, 그것이 어쩌면 또 다른 체코 여행이 아닐까?

맥주와 음식, 그리고 문화가 함께하는 소중한 만남의 장소로 〈캐슬프라하〉 홍대점을 적극 추천한다. 새로운 경험과 추억을 만들고 싶다면 말이다.

MENU

6가지 체코 정통 드래프트 맥주: 예젝 그랜드 필스너 425mL 7,000원 / 그라낫 380mL 8,000원 / 다크 라거(둔켈) 380mL 8,000원 / 프리미엄 바이젠 425mL 8,500원 / 잉글리쉬 페일 에일 425mL 9,500원 / 클래식 스타우트 425mL 10,000원
식스팩(캐슬프라하 샘플러 425mL×6잔) 48,000원
프리마토 바이젠 380mL(병) 10,000원
프리마토 프리미엄 라거 380mL(병) 10,000원

브람보락과 하우스 메이드 소시지 17,500원
프랑크 푸르터 18,700원
레겐스 부르거 18,700원
비엔나 슈니첼 20,900원
비프 굴라쉬 30,800원
꼴레뇨 37,000원
마르게리타 화덕 피자 17,500원
구운 버섯 샐러드 19,800원
치킨 시저 샐러드 21,800원

지도 보기

캐슬 프라하에 대해 더 궁금하다면?

6. 시카고식 딥 디쉬 피자의 고소함과 크래프트 맥주의 환상적인 궁합

다이어트 따윈 잊어버려
시카고 CHICAGO

🏠 서울시 마포구 서교동 395-78(독막로7길 51) 3, 4층

☎ 02-322-4636

🚌 지하철 6호선 상수역 1번 출구 방향 / 2호선 합정역 3번 출구 방향

🕐 12:00~00:00 / Last Order 22:00

🅿 불가능

홍대 상권의 새로운 핫플레이스로 떠오르고 있는 〈시카고〉.

미국 시카고를 여행하고 그곳의 딥 디쉬 피자를 맛본 경험이 있다면, 그 엄청난 양의 치즈와 토마토소스의 조화가 만들어내는 깊은 고소함을 잊지 못할 것이다. 〈시카고〉에서 바로 그 시카고 피자의 그 맛 그대로를 느낄 수 있음은 물론이고, 미국식 비어 펍의 요리와 크래프트 비어도 동시에 즐길 수 있다.

중독성 강한 두툼한 치즈와 토마토소스, 두꺼운 크러스트의 환상적인 조합이 만들어내는 딥 디쉬 피자와 크래프트 비어, 그리고 비어 칵테일까지! 잇지 못할 최고의 피맥 조합이라 감히 말할 수 있다. 얇은 도우와 도핑의 이태리식 피자가 아닌 두툼하고 별다른 토핑이 없는 미국 시카고식의 딥 디쉬 피자가 당기는 날, 시원한 맥주를 즐기고 싶은 날! 누구도 이곳의 딥 디쉬 피자와 맥주의 유혹을 뿌리칠 수 없을 것이다. 치즈로 범벅된 두툼한 피자와 맥주를 즐길 땐, 다이어트 따윈 잠시 잊어버리자. 오히려 칼로리 걱정 없이 즐겁게 먹고 마시는 것이 정신과 건강에 훨씬 좋다고 하지 않던가.

깔끔한 내부 모습,
한쪽 벽면을 책으로 꾸며 놨다.

기나긴 웨이팅이 아깝지 않을
피맥의 환상적인 맛을 위해
오늘 만남은 〈시카고〉에서

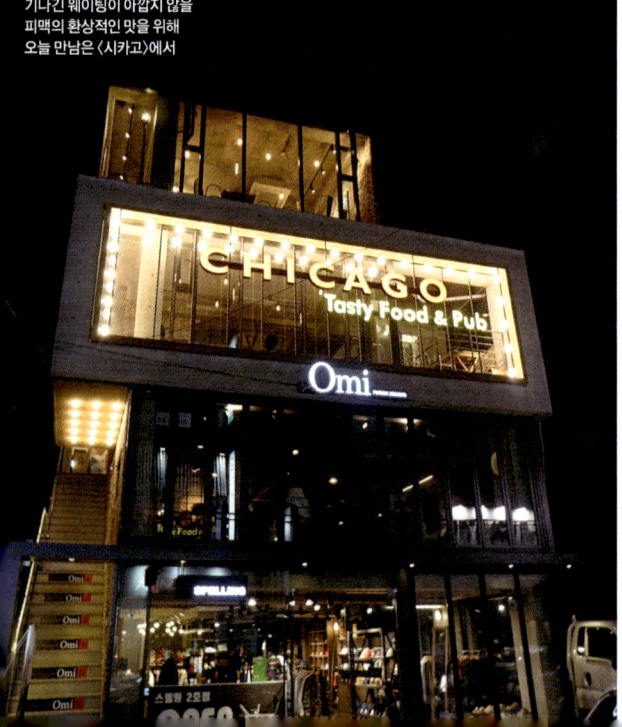

화덕에 구워낸 피자는 물론이고 파스타와 샐러드, 달콤한 디저트까지 이 모든 것이 맥주를 부르는 환상의 궁합이다. 특히, 잘 익은 고소한 아보카도와 토마토, 닭가슴살, 고르곤졸라 치즈, 체다 치즈가 듬뿍 곁들여진 '클래식 콥 샐러드'는 자극적이거나 느끼하지 않으면서 고소하고 상큼하기까지해 맥주의 맛을 한층 살려주는 절묘한 페어링이다.

모 방송사의 맛집 프로그램에 소개된 이후로 그 인기가 더욱 높아져 2~3 시간을 대기하는 것은 다반사가 된 지 오래다. 웨이팅을 인내할 수 있는 미식가들에게는 추천할 만하지만, 그렇지 않은 이들에게는 다소 지루하게 느껴질 수 있을 것이다. 하지만 오래 기다림 끝에 고소한 피자를 가득 베어 물고 시원한 맥주를 한 잔 마시는 순간, 기다림의 지루함은 분명 딥 디쉬 피자의 치즈가 녹듯 사르르 녹아버릴 것이라 장담한다.

MENU

크림생맥주 / IPA / 크리스탈 바이젠 / 마일드 에일
가격 4,000~7,000원

시카고 피자(8cm) / 폭 그레이비 푸틴 / 매콤 소곱창 그라탕 / 통돼지 등심 프라이 폭찹 / 부추 치킨 스테이크 / 빙하 샐러드 / 시카고 클래식 콥 샐러드 등
가격 17,000~28,000원

우린 제법 잘 어울려
비거스 Beegers

♥ 友 🛗 👔

🏠 서울시 마포구 서교동 410-5(와우산로15길 16) 2층

☎ 02-324-9965

🚏 지하철 6호선 상수역 1번 출구 5분 이내 / 2호선 합정역 3번 출구 10분 이내

🕐 12:00~01:00 / 금, 토 12:00~02:00

🅿 불가능

햄버거 하면 맥도날드나 버거킹 같은 패스트 푸드가 먼저 떠오르고, 바쁠 때 한 끼 때우기 위해 먹는 음식이라 생각하는가? 〈비거스〉 햄버거를 맛보는 순간 그 생각이 180° 바뀔 것이다. 쇠고기를 갈아 직화로 구운 두툼한 패티와 굵직하게 썬 야채, 그리고 감자튀김을 곁들인 수제 버거는 미처 몰랐던 햄버거의 매력을 재확인하게 한다. 특히 맥주의 열풍에 힘입은 수제 버거와 크래프트 비어 페어링은 치맥과 피맥의 인기를 위협하는 새로운 조합으로 급부상했다.

〈비거스〉는 상호명에서부터 알 수 있듯, 아무리 맛있는 음식도 맥주와 페어링이 되지 않으면 소용없다는 오너의 마인드가 그대로 담겨 있다. 비어 beer와 버거 burger의 합성어인 〈비거스〉, 오너의 음식과 맥주에 대한 애정이 그대로 느껴진다.

〈비거스〉 석현우 대표는 고등학교와 대학교를 미국 뉴욕주에서 나오면서, 지역 특성상 많은 양조장과 맥주를 접할 수 있었다고 한다. 그는 자연스

럽게 맥주에 관심을 갖게 되었고, 대학 선택 과목으로 맥주와 와인 페어링 수업을 들으며 경험을 쌓았다. 그리고 한국에 돌아온 뒤, 햄버거와 맥주의 기막힌 조합을 대중들에게 소개하고자 창업을 했다.

<비거스>의 맥주에는, 석 대표가 전에 길렀거나 현재 기르고 있는 강아지와 고양이의 이름 또는 특징을 따서 직접 디자인한 맥주 로고가 박혀있다. 맥주마다 어울리는 컵받침과 전용 잔 또한 직접 디자인해 수제 맥주를 잘 모르는 손님들이 쉽고 친근하게 접할 수 있도록 배려했다.

최근에는 맥주 본연의 맛을 유지하기 위해, 맥주 전용 냉장창고와 공급시스템을 직접 주문 제작해 각각의 맥주에 개별 CO_2게이지를 장착, 적절한 CO_2의 양과 맥주 온도를 맞추기 위해 각별히 신경 쓰고 있다. 인테리어를 비롯하여 메뉴판, 매장에서 사용하는 접시나 오디오 시스템도 직접 설치한 것이다. 약간은 거친 듯하지만 가만히 들여다보면 섬세함을 느낄 수 있도록 분위기를 연출했다. 석 대표가 유학시절 다녔던 미국 양조장 안에 있던 펍 같은 분위기, 맥주 양조장 안에서 맥주를 직접 먹는 기분을 느끼게 해주고 싶었다고 한다.

이곳의 주력 요리인 햄버거는 100% 호주산 쇠고기를 매일 매장에서 직접 갈아서 만들고, 패티는 고기 본연의 맛을 느낄 수 있게 아무런 양념이나 소스를 쓰지 않았다.

잔마다 귀여운 로고를 넣었다.

벽면 인테리어를 시작으로
조명, 오디오, 메뉴판과 접시 등
오너의 손길이 닿지 않은 곳이 없다.

매일 신선한 고기를
갈아 만드는 수제 햄버거

그 외에도 피쉬 & 칩스와 샐러드, 파스타 등도 맥주와 잘 어울려 인기가 많으며, 〈비거스〉의 6가지 모든 맥주를 조금씩 마셔볼 수 있는 샘플러 역시 인기 메뉴 중 하나다.

> "아직 한국의 맥주시장은 많이 뒤처져있어요. 수요는 많지만, 그 수요의 대부분은 특정 맥주 회사에 집중되어 있고, 맥주는 소주에 섞어 마시는 술이라는 이미지도 강한 듯해요. 최근 들어 주류법의 개정으로 많은 대중들이 수제 맥주를 접할 수 있게 되었다곤 하지만, 아직도 맥주의 스타일에 다양싱이 너무 부족하고 몇 곳 되지 않는 양조장들도 이미 너무 비슷한 철학을 가지고 양조를 하고 있다고 생각해요. 우리나라에 정말 가치와 철학이 있고 고집이 있는 맥주 브루어리들이 많이 생겨나서 대중들의 선택의 폭이 넓어질 수 있으면 좋겠어요."

석 대표는 앞으로 기회가 된다면, 맥주 양조장을 직접 운영해 세계맥주들과 겨루어 볼 수 있는 맥주를 만들어 〈비거스〉를 더욱 발전시키고 싶다는 야심찬 포부를 밝혔다.

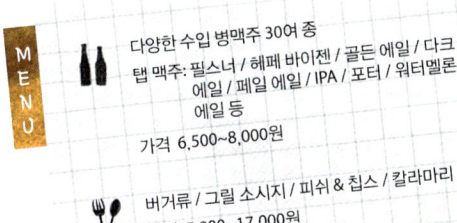

MENU

다양한 수입 병맥주 30여 종
탭 맥주: 필스너 / 헤페 바이젠 / 골든 에일 / 다크 에일 / 페일 에일 / IPA / 포터 / 워터멜론 에일 등
가격 6,500~8,000원

버거류 / 그릴 소시지 / 피쉬 & 칩스 / 칼라마리
가격 7,000~17,000원

지도 보기

비거스에 대해 더 궁금하다면?

8. 맥주의 생명은 신선함, 짧은 순환을 위해 마진도 포기했다

노란색 테라스에서의 한잔
옐로우 펍 Yellow Pub

🩵 友 👔

🏠 서울시 마포구 서교동 404-9(독막로9길 41)

☎ 02-3141-1199

🚌 지하철 2호선 합정역 3번 출구 방향 / 6호선 상수역 1번 출구 방향 / 2호선 홍대입구역 9번 출구 방향

🕐 일~목 16:00~5:00 / 금, 토 16:00~6:00

🅿 불가능

　　젊음의 문화와 즐거움이 넘치는 홍대 거리에 위치한 〈옐로우 펍〉은 이미
5년여간 홍대 골목을 지키고 있는 우리나라 새로운 맥주 문화의 터줏대감
이다. 1층의 넓은 테라스와 골목이 내려다보이는 창가가 있는 2층까지, 부
담스럽지 않은 빈티지하면서도 편안한 분위기로 사랑받고 있다.

　　10여 가지가 넘는 생맥주는 철저한 관리를 통해 항상 신선한 상태를 유
지하며, 가장 발 빠르게 새로운 생맥주를 제공한다. 동시에 35여 가지 병맥
주의 주기적인 리스트 업데이트를 통해 갈 때마다 새롭고 다양한 맥주를 마
실 수 있다.

　　무엇보다 부담스럽지 않은 저렴한 가격이 장점이며, 칼스버그Carlsberg
나 스텔라 아르투아Stella Artois 같은 라거류부터 파울라너 헤페 바이스비어
Paulaner Hefe Weisbier와 같은 바이젠, 스컬핀Sculpin, 인디카Indica와 같은 인디아
페일 에일India Pale Ale까지 다양한 종류의 맥주를 제공하고 있어 많은 사람들
에게 호평을 받고 있다. 그 때문일까, 다양한 맥주를 원하는 손님들부터 특
정 맥주를 찾는 마니아들까지 꾸준히 〈옐로우 펍〉을 애용하고 있다.

　　또한 대중적인 상업 맥주가 주류를 이루고 있는 홍대 상권에서 밸러스트
포인트의 스컬핀 IPASculpin IPA나 로스트 코스트의 인디카 IPAIndica IPA와 같
은 국외 소규모 브루어리에서 생산되는 크래트 비어를 생맥주로 저렴하게
판매함으로써 아직은 보편화되지 않은 맥주를 알리는 데도 힘쓰고 있다.

　　〈옐로우 펍〉에서는 다양한 맥주만큼이나 40여 가지의 맛 좋은 음식을 정

1층의 넓고 시원한 테라스
또는 2층의 빈티지한 창가에서
부담스럽지 않게 수제 맥주를
즐길 수 있는 잇플레이스다.

성을 가득 담아 제공하고 있다. 직접 반죽한 도우를 오븐에 맛있게 구워낸 피자와 퀘사디아는 맥주와의 조화가 일품이며, 식사 대용으로도 손색이 없을 정도다. 냉동된 연어가 아닌 생연어를 사용하여 요리한 신선한 생연어 샐러드 또한 이곳의 대표 메뉴다. 이밖에 여성들이 좋아하는 치즈가 듬뿍 올라간 포테이토 치즈 구이와 매콤 바비큐 치킨 역시 꾸준히 사랑받고 있는 스테디셀러이고, 맥주 하면 떠오르는 스모크 부르스트(훈제 소시지) 또한 인

기 메뉴 중 하나다.

〈옐로우 펍〉에서는 맥주뿐 아니라 칵테일과 와인, 다양한 위스키, 보드카 등 그때그때 분위기와 기분에 따라 또는 모임의 성격에 따라 주류를 선택하여 즐길 수 있다. 이 때문에 친구와 연인, 그리고 동료 등 어떤 이들과도 언제든지 모임을 즐길 수 있는 곳이다. 또한 연중무휴 영업과 새벽 늦은 시간까지 열려있어 언제든지 부담 없이 방문이 가능하다. 물론 홀로 맥주를 즐기고자 하는 이도 대환영이다.

"신선한 맥주와 정성이 듬뿍 담긴 음식이 있는 〈옐로우 펍〉은 항상 손님들과 소통하며 손님들의 의견을 반영하고, 수정 보완하고 있어요. 지금까지의 5년을 밑바탕으로 앞으로의 5년, 50년을 위해 노력을 아끼지 않겠습니다."

자신감 넘치는 〈옐로우 펍〉 대표의 말처럼 향후 행보가 더욱 기대된다.

MENU

탭 비어: 스컬핀 IPA 9,000원 / 인디카 IPA 5,500원 / 기네스 380mL 6,000원 / 기네스 580mL 9,500원 / 파울라너 헤페 바이스비어 380mL 5,500 / 파울라너 헤페 바이스비어 620mL 9,500원 / 호가든 380mL 5,500 / 호가든 750mL 9,500원 / 아사히 8,000원 / 스텔라 아르투아 5,500원 / 버드와이저 4,500원 / 밀러 4,800원 / 칼스버그 380mL 5,500원 / 칼스버그 620mL 9,500원 / 맥스 3,500원 등

병맥주: 델릴리움 노엘 16,000원 / 듀벨 9,900원 / 빅아이 IPA 7,500원 / 사무엘 아담스 7,900원 / 런던 프라이드 9,900원 / 코젤 다크 8,500원 / 필스너 우르켈 6,500원 등 30여 종

케이준 치킨 샐러드 14,900원
마르게리타 피자 11,900원
스모크 부르스트 6,900원
포테이토 치즈 구이 14,900원 등

생연어 샐러드 16,900원
퀘사디야 14,900원
갈릭 순살 치킨 15,900원

지도 보기

맥덕들의 필수 성지순례 코스
누바 NUBA

🖤 友 🍸

🏠 서울시 마포구 서교동 347-9(어울마당로 136-18)
☎ 070-8268-5833
🚌 지하철 2호선 홍대입구역 8번 출구 방향
🕐 월~목 18:00~02:00 / 금, 토 18:00~04:00 / 일 18:00~02:00
🅿 주변 공영주차장 이용

맥주 펍도 저마다 자기만의 색깔을 입고 있다. 독일 맥주가 오랜 기간 맥주순수령에 발목 잡혀 다양성을 잃어 가고 있는 동안 벨기에 맥주는 수도원들을 중심으로 여러 맥주들을 생산하고 있었다.

홍대 상권에 위치한 〈누바〉는 맥주 초심자들보다는 마니아층을, 그중에서도 벨기에 맥주 마니아들을 겨냥한 펍이다. 벨기에 맥주 마니아들을 위한 펍답게 국내에서 가장 많은 50여 종의 벨지안 에일이 제공되고 있다. 물론 그 외에 10여 종의 유럽과 미국 맥주들 또한 서빙된다. 이곳의 탭은 세송 Saison(누바와 홉스카치가 수입한, 국내에 처음 들어온 세송 벨기에 생맥주), 쉬메이 화이트Chimay White, 셀리스 화이트Celis White, 카브르 IPAKabrew IPA, 앨리캣Alley Kat, 에딩거Erdinger 등이 있으며, 다양한 맥주로 수시로 변경된다.

이곳은 소위 '맥덕'이라 자랑할만한 손님들이 주를 이루기 때문에 사소한 것이라도 놓치지 않으려 노력한다. 탭은 생맥주 전용 냉장고를 사용하며, 매일 라인 청소를 하는 것은 물론 1주일에 1번씩 모든 탭을 분해하여 청소

벨기에 맥주 마니아들의
성지와도 같은 〈누바〉

한다. 라인 청소 시에 손실되는 맥주의 양도 무시 못하기 때문에 고가의 수입 맥주 라인을 매일 청소하는 것은 쉬운 결정이 아니다. 또한, 최적의 맥주 맛을 위해 온도 조절과 쓰이는 가스, 가스압도 종류별로 세팅해 놓았다.

〈누바〉는 벨기에 에일 전문펍이다. 때문에 새로운 벨기에 맥주는 이곳에서 먼저 테이스팅한 후 수입 결정되는 것들이 많다. 맛의 넓이를 보다 넓게 하는 것에 중점을 두고, 기존의 벨기에 맥주가 아닌 좀 더 다양한 장르의 벨기에 맥주를 조금씩 수입하는 등 갖가지 시도를 해오고 있다. 또한 쉬메이, 세인트버나두스, 반스틴버그 등 여러 벨지안 브루어리들이 한국에 방문하여 〈누바〉와 교류를 맺고 맥주의 관리에서부터 서빙온도, 잔에 따르는 법, 벨기에 맥주의 역사, 그리고 각 브루어리의 맥주 이야기 등 여러 가지를 알려주기도 했다.

세계맥주 초심자들에겐 아직은 어려울 수 있을 것 같은 마니아층을 겨냥한 맥주 라인업이 벨기에 맥주의 깊은 맛을 즐기는 이들을 유혹한다.

고가의 벨기에 에일들과 페어링되는 요리들은 음식의 가장 기본인 청결에서부터 시작한다. 요리에 사용되는 모든 야채는 유기농 혹은 옥상에서 직접 재배한 것을 사용한다. 화학조미료는 절대 쓰지 않으며, 매일 소량으로 재료를 구매해 냉장 보관을 최소화하여 재료의 신선함을 유지하고 있다. 더욱이 입안에 남는 텁텁함 등을 없애고자 모든 소스를 직접 제조하고 그 소스에 들어가는 향신료도 손수 만든다고 한다. 〈누바〉의 요리 맛이 어떨지 궁금해 하지 않으려야 않을 수 없다.

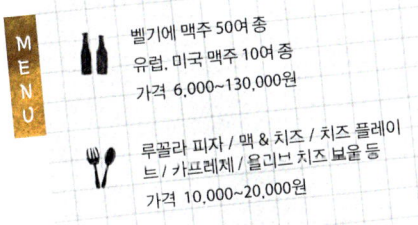

MENU

벨기에 맥주 50여 종
유럽. 미국 맥주 10여 종
가격 6,000~130,000원

루꼴라 피자 / 맥 & 치즈 / 치즈 플레이트 / 카프레제 / 올리브 치즈 보울 등
가격 10,000~20,000원

지도 보기

누바에 대해 더 궁금하다면?

10. 밋밋한 맥주를 마신 세월이 아까워 직접 펍을 차렸다

마시려거든 이제부터 제대로
케그 비 ^{Keg B}

🧡 🍺 👨‍👩‍👧 👔

🏠 서울시 마포구 상수동 92-6(와우산로13길 19) 2층

☎ 02-334-1979

🚇 지하철 6호선 상수역 1번 출구(극동방송 맞은편 꿀벌상회 골목 50m)

🕐 평일 17:00~01:00 / 주말 15:00~02:00

🅿 불가능

흰 머리카락이 검은 머리카락보다 많아 보이기 시작하는 중년의 동네 아저씨 같은 푸근함이 우리를 반긴다. 멋진 젊은 꽃미남 오빠는 없지만, 오히려 누구에게나 더 편안한 곳. 홍대 인근 상권이 새로운 핫플레이스로 떠오르는 상수동 극동방송 맞은편 골목에 자리 잡은 크래프트 맥주 전문점 〈케그 비〉다.

〈케그 비〉는 만화출판계에서 소문난 주당 세 명이 의기투합하여 차린 펍이다. 세 명의 오너는 같은 출판사에서 오랜 시간 함께 일했던 선후배 사이로, 고단한 마감이 끝나면 늘 한자리에 모여 소주와 맥주를 말아(?) 마시곤 했단다. 당시에는 누구나 싱거운 국산 맥주가 당연한 줄 알았던 시기였다. 이후 주당으로 같이 활동하던 출판사 선배가 퇴직 후 홍대 상권의 한 수제 맥주 전문점을 인수하면서 이들 세 사람에게 진정한 맥주의 맛을 선보였고, 진짜 맥주 맛에 눈 뜨게 되었다고 한다. 이로써 더 이상 맥주에 소주를 타 마시는, 소주에 맥주를 부어 마시는, 맥주에 대한 무례한 짓은 하지 않기로 도원결의(?)를 했다.

선배에게 자극을 받은 이들은 맨땅에 헤딩이라도 해보자는 심정으로 맥주를 공부하며, 맥주 전문점 창업에 도전했다. 무려 1년이라는 기간 동안 다양한 가게의 수많은 수제 맥주와 수입 병맥주를 시음해 가며 점차 나름 맥주 덕후 수준으로 눈높이를 끌어올렸고, 최근 핫플레이스로 떠오른 상수동과 합정동 골목골목을 누비며 자리를 알아보기 시작했다. 2개월 동안 발품을 판 끝에 지금의 창 넓은 가게를 발견, 마침내 창업의 방점을 찍었다고 한다.

장고의 논의를 거쳐 누구는 케이지비라고 발음하는, 〈케그 비〉라는 네이밍의 간판을 달았다. 이미 앞선 길을 걷고 있는 선배의 조언과 도움을 받아 수제 맥주 라인업을 만들고 맥주와 함께하면 좋을 만한 요리와 서비스를 개발하면서 또 하나의 관문을 넘어섰다.

우여곡절 끝에 오픈한 가게는 초기에 유언비어(流言蜚語, YOU WANT BEER)라는 재치 있는 캐치프레이즈와 오픈 준비 플래카드로 손님들의 시선을 잡았다. 인터넷이나 SNS에서 국민의 이야기들이 마치 '유언비어'처럼 치부되고 통제되는 환경을 살짝 비틀어 본 것이 손님들의 호응을 얻은 듯하다.

상수동 골목을 지나는 사람들이 한번쯤은 눈길을 주는 그리스 산토리니 풍의 시원시원한 외관에 맥주 케그와 타이포가 재밌게 결합된 간판이 시선을 사로잡는다. 개방감이 뛰어난 실내는 맥주 한 잔하며 연인과 이야기를 나누거나, 오래된 친구들과 지난 이야기에 몰입할 수 있는 분위기를 자아낸다. '연인들이 와서 맥주 마시기 좋은 펍', 다시 찾을 땐 새로운 맥주가 메뉴판에 올라와 있어 '새로움을 주는 펍'으로 알려지며 자리를 잡아갔다.

현재 생맥주 라인업은 대전 바이젠 하우스의 수제 맥주 4종과 수입 생맥주 4종을 합해 총 8개의 탭 비어를 서빙하고 있다. 병맥주는 라거, 포터, 에

감자튀김과
수제 소시지 & 계란 프라이

유언비어 4종 샘플러는
대전 바이젠 하우스에서
직접 공수해온 수제 맥주다.

일 등의 적절한 균형미를 갖춘 20여 종을 갖춰 놓았다. 초기에 캐치프레이즈로 내세운 유언비어는 샘플러 4종 세트의 메뉴명으로 활용하고 있기도 하다.

만화 작가들이 맥주를 마시러 와서 짤막한 그림이나 만화를 그려주어 이곳만의 차별화된 분위기를 연출하곤 한다. 특히, 입구 간판 아래엔 맥주를 알리는 3단 만화가 배치돼 있어 눈길을 끈다. 이 만화는 지속적으로 업그레이드할 예정이라고 한다. 맥주 맛은 물론 만화의 뒷이야기도 궁금해진다.

MENU

국내 수제 맥주: 바이스 6,000원 / 골든 에일 6,500원 / 페일 에일 7,000원 / 헤리 포터 460mL 7,000원

수입 생맥주: 빅아이 IPA 460mL 11,000원 / 예젝 그랜드 필스너 420mL 8,000원 / 카라 IPL 345mL 8,000원 / 시로 345mL 8,000원

유언비어 세트 샘플러 15,000~23,000원

병맥주: 펑크 IPA / 퓰러스 런던 ESB / 올드 라스푸틴 / 빅웨이브 / 와일루와 에일 / 브랙아일 스카치 에일 / 블랙아일 골든아이 페일 에일 / 스컬핀 / 시로 / 시코쿠 / 인디카 / 레드실 에일 / 히타치노 화이트 에일 / 소넨호펜 등 20여 종

감자튀김 7,000원
치킨삼총사 13,000원
고르곤졸라 피자 12,000원
토마토 칠리 피자 14,000원
바삭 나쵸 & 홈메이드 칠리 소스 9,000원
필렛 토핑 리코타치즈 샐러드 12,000원
수제 소시지 & 계란 프라이 15,000원

지도 보기

맥주 마니아들을 위한 천국
크래프트 원 CRAFT ONE

🏠 서울시 마포구 연남동 227-1(연희로 35)
☎ 02-3144-7499
🚃 공항철도, 경의선, 2호선 홍대입구역 3번 출구 방향
🕐 월~금 18:00~01:00 / 토 16:00~01:00 / 일요일 휴무
🅿 불가능

홍대 메인 상권에서 조금은 벗어난 연남동 도로변 2층에 자리 잡고 있는 〈크래프트원〉. 대중적인 맥주보다는 마니아층을 겨냥한 맥주 구성으로 맥주 마니아들의 발길이 이어지는 곳이다. 번화하지 않은 상권의 그것도 2층에, '과연 누가 여기에 올까?' 생각하겠지만 영업을 시작하면 곧 삼삼오오 몰려와 들어차기 시작한다. 이미 유명세를 타고 있는 곳으로 언론에 여러 차례 소개되기도 했었고, 인터넷상에서도 어렵지 않게 포스팅된 글을 발견할 수 있다.

이곳의 탭과 병맥주 라인업은 모두 맥덕들을 타깃으로 하고 있어 세계맥주 초심자들에게는 그 이름도 생소한 맥주들이 많을지도 모르겠다. 수십에서 백여 가지의 맥주를 취급하는 셀프형 맥주 펍에 비하면 맥주의 수는 많이 부족하지만, 이곳에서는 일반적인 펍에서는 취급하지 않는 마니아들의

맥주 마니아들이 찾는 곳인 만큼
탭의 상태는 늘 최상이다.

정사각형의 창과 문.
심플하면서도 자유로운
실내 인테리어

왜 마니아들의 발길이 끊이지 않는지를
알려주는 듯 다양한 수입 맥주들이
한쪽에 총총히 모여 있다.

맥주 본연의 맛을 더욱 살려줄
자극적이지 않은 요리들이 서빙된다.
나쵸 살사, 감자튀김

맥주를 제공하고 있다.

아직은 마니악한 맥주에 자신이 없다면, 자체 레시피로 만든 밀 맥주인 밍글Mingle을 추천한다. 노란색의 탁한 보디에 향긋한 과일 향과 부드러운 입감, 연한 쌉쌀한 홉의 피니시를 갖는 누구나 좋아할 만한 맥주다. 이곳의 주요 손님들이 맥주 마니아들인 만큼 맥주 관리에 대한 걱정은 필요 없다. 노즐이나 탭 관리가 조금만 소홀해도 바로 손님들의 컴플레인을 들을 수 있는 곳이기에 매니저나 대표 모두 늘 한시도 긴장을 늦추지 않고 있다.

페어링되는 요리들도 개성이 강한 맥주의 맛을 살려야 하기에 자극적이거나 포만감을 많이 주는 것들은 없다. 사실상 맥주 본연의 맛과 향을 가장 잘 살려주는, 맥주와 가장 잘 어울리는 페어링은 물이라 해도 과언이 아니다. 그러니 맥주와 페어링되는 요리는 자극적이지 않은 것이 제격이다.

이곳의 대표는 끊임없이 자체 맥주 레시피 개발에 노력하고 있으며, 뜻이 맞는 지인들과 그들만의 양조장을 설립하여 자신이 직접 만든 맥주를 손님들에게 제공하는 것이 꿈이라고 한다.

MENU

밍글 / 예젝 필스너 / 퓰러스 골든 프라이드 / 퓰러스 ESB 등 탭 맥주 8종
다양한 병맥주
가격 5,000~17,000원

나쵸 살사 / 감바스 / 감자튀김 / 그릴드 비어 소시지 등
가격 7,000~17,000원

기도 보기

12. 어울리지 않을 듯 어울리는 한옥과 게스트로 펍의 만남

편안한 쉼과 여유를 느끼고 싶을 땐
합스카치 Hopscotch

서울시 종로구 통의동 27(효자로7길 14-1)
02-722-0145
지하철 3호선 경복궁역 3번 출구 방향
월~토 11:30~15:00, 17:00~23:00 / 일요일 11:30~17:00
불가능

경복궁에서 좁은 도로를 건너면 맞은편에 한옥들이 몇 채 옹기종기 모여 있다. 누가 봐도 펍이 있으리라고는 상상도 되지 않는 좁은 골목길이다. 그런데 그 골목길 틈에 전통 한옥의 멋을 살려 리모델링을 한 간판도 없는 펍이 있다! 상상이 되는가?

한옥 대문 앞 담장에 놓인 칠판 같은 펍의 메뉴판을 보고서야 이곳에 펍이 있음을 겨우 알 수 있다. 열린 대문 틈으로 얼핏 보기에는 전통 찻집 같은 분위기가 난다. 대문을 들어서 마당을 지나 안으로 들어가면 한옥과 서양 펍의 조합이 오묘한 미를 이루는 독특한 공간이 우리를 맞이한다.

이름만 들으면 모두 다 알만한 잘나가는 IT업계 출신의 대표가 야심찬 포부를 가지고 서촌 통의동 한옥 주택가에 비어 펍 〈합스카치〉를 오픈했다. 벨기에 맥주를 위주로 취급하는 게스트로 펍이다. 번화한 상권에 위치한 매장이 아닌, 한옥 마을 골목길에 위치해 있어 아는 이들만 알아서 찾아온다.

〈합스카치〉는 동서양의 오묘한 조화 속에서 편안하게 운치를 즐길 수 있

밤에는 창밖으로 은은한 달빛을
볼 수 있어 낭만적이다.

는 곳이다. 대문을 들어서면 보이는 평상에서 마시는 맥주 맛도 색다르고, 유리로 되어 있는 천장을 통해 자연 채광을 받으며 점심을 즐길 수도 있다. 달 밝은 날엔 달빛을 보며 연인과 사랑을 속삭이기에는 더없이 낭만적이다. 매력이 무궁무진하다.

　역동적이고 활발한 분위기의 펍도 좋지만 시간을 거슬러 과거로 돌아간 듯한 조용한 펍에서, 홉과 몰트의 향에 빠져 보는 것도 색다른 경험이 되리라 생각된다.

 **M E N U**

탭 비어: 그레이트 화이트 / 워터멜론 위트 / 힐치 오홉스 더블 IPA / 셀레스 화이트 등
가격 10,000~13,000원
병맥주 30여 종
가격 10,000~40,000원

 샐러드 / 프라이즈 / 파스타 / 샌드위치 / 버거 등
가격 13,000~20,000원

 지도 보기

   합스카치에 대해 더 궁금하다면?

맥주 용어 Ⅱ

상면발효

발효 중에 위로 떠오르는 효모를 이용하여 발효하는 방식으로 고온에서 발효하여 에일 맥주를 생산하는 방식이다.

하면발효

발효 중에 아래로 가라앉는 효모를 이용하여 발효하는 방식으로 저온에서 발효하여 라거 맥주를 생산하는 방식이다.

라거 lager

저온으로 발효통의 아래 하면에서 발효 과정을 거친 맥주를 말한다. 최근 국내 맥주 제조사들이 수입 맥주 공세에 위기감을 느껴 신제품으로 에일 맥주 제품을 내놓기 전까지 우리나라에서 생산되던 맥주는 모두 라거 맥주였다.

에일 ale

고온으로 발효통의 위쪽 상면에서 발효 과정을 거친 맥주를 말한다.

올 몰트 all-malt

밀, 옥수수, 쌀 등의 다른 곡물을 섞지 않은, 100% 보리만을 사용한 맥주를 말한다. 페일 라거라고도 한다.

보디 body

맥주를 잔에 따랐을 때 거품이 아닌 액체 맥주 부분 또는 맥주를 마실 때 입안에서 느끼는 점성도 등의 질감을 표현하는 방법이다.

보디감

입안에서 느끼는 맥주의 점성도나 묵직함을 나타내는 표현으로, 라이트 보디, 미디엄 보디, 풀 보디로 표현한다.

피니시 finish

맥주를 마실 때 목 넘김 후의 끝 맛을 나타내는 표현이다.

맥주 순수령

독일의 빌헬름 4세가 1516년 맥주의 품질 향상을 위해 라거 맥주에는 보리·홉·물의 3가지 원료 외에는 사용하지 못하도록 한 법령이다.

크리미 헤드 creamy head

크림처럼 부드럽고 조밀도가 높으며 지속도가 높은 거품을 말한다.

열처리 멸균

완성된 맥주의 유통과정에서 발효가 지속되어 맛과 품질이 변하는 것을 막기 위해 약 60℃ 정도의 온도에서 10분 내외로 효모균을 멸균 처리하는 과정을 말한다.

필터링 여과

완성된 맥주의 유통기간을 늘리기 위해 효모나 침전물 등을 걸러내는 과정으로 필터링을 거치면 맥주의 투명도가 높아진다.

드라이 비어 dry beer

단맛이 적고, 담백한 맛을 내는 맥주로서, 일반 맥주와 달리 당분을 분해하는 능력이 강한 효모를 쓰거나 제조공정을 조작하여 맥주에 남아있는 당을 최소화한 맥주다.

코스터 coaster

맥주잔 밑에 받치는 잔 받침이다. 제조사마다 자사의 맥주 이미지를 나타내고 홍보할 수 있는 아이템으로 독특한 디자인의 코스터들이 많다.

맥주도 제대로 멋을 살린 요리와 함께 _ **피피케이 키친**PPK kitchen

격동적인 에너지가 넘치는 정통 웨스턴 펍 _ **코키 펍**Cocky Pub & Grill / 야탑점

맥주 선택이 어려울 땐 주저 말고 맥주 바켓으로 _ **맥주 바켓**Beer Barket

맥주 제조를 한눈에 볼 수 있는 진정한 브루하우스 비어 _ **더 테이블**Brew House The Table

맥주야, 치킨이랑 그만 놀고 피자랑 바람피자 _ **에일코너**Ale Conner

03

서울 주변 팝 기행

Seoul Surroundings

소통이 있는 다이닝
피피케이 키친 PPK kitchen

♥ 友 👨‍👩‍👧 👔

🏠 경기도 수원시 팔달구 중동 1-5(정조로 751-11) 2층
☎ 031-244-7240
🚌 수원역에서 자가로 10분 / 팔달문 버스정류장 도보 5분
🕐 11:30~22:00 / 연중무휴
🅿 맞은편 송산유료주차장(식사 시 1시간 무료 주차쿠폰 제공)

잡부위의 고기를 갈아 공장에서 찍어낸 돈가스를 기름에 던져 넣고 감히 '수제 돈가스'라 광고하는 집들을 더러 볼 수 있다. 튀김 기름에 고기를 손으로 던져 넣었으니 '수제'란다. 그럼 발로 만드는 요리도 있을까? 알바생 누구라도 몇 분 만에 뚝딱 만들어 내는, 이름이 무색한 수제 요리는 이제 그만! 단순한 맥주 안주가 아닌 혼을 담은 셰프의 요리와 맛있는 맥주를 즐길 수 있는, 수원 남문에 위치한 〈피피케이 키친〉을 추천한다.

수원 남문 쪽의 먹거리 상권이 침체기에 접어들고 있지만, 이곳은 굳건히 시들해진 남문 상권을 지켜주는 기둥 역할을 하고 있다. 수원의 다른 지역에서 레스토랑을 운영하다 사연이 있어 지금의 자리로 옮기게 되었으나 전부터 그를 믿고 찾아주는 단골들이 새로 옮긴 이곳까지 찾아와 귀한 인연을 이어 가고 있다.

요리에 대한 열정과 사랑으로
똘똘 뭉쳐 정성을 다해
손님들을 맞이한다.

〈피피케이 키친〉은 요리 경력 15년의 셰프 박필관 대표의 이니셜을 따서 만든 것이라 한다. 박 대표는 셰프의 이름을 걸고 모든 요리를 재료 본연의 맛을 살리는 것을 목표로 하고 있다. 따라서 모든 요리는 조리에서부터 하얀 플레이트에 담겨져 나오는 순간까지 셰프들의 정성이 고스란히 묻어 있으며, 잔 기교보다는 재료 하나하나의 맛과 향을 살려주는 기본에 충실한 요리를 한다. 또한 재료를 아끼지 않고 자신의 실수를 용서하지 않는 고집스러움으로, 언제나 최상의 요리를 제공하고 있다.

박필관 셰프는 청학요리대회 금상 수상, 두바이 LG 글로벌 홈 셰프 어워드 스마트 셰프상 수상, 에드워드 권의 예스 셰프 시즌1 출연, 농림축산식품부 주최 '떡볶이 페스티벌' 총괄 셰프, 전 서울 프라자 호텔 근무 등의 우수한 경력을 가지고 있으며, 현재 오산대학교 조리학과에 출강하고 있다. 화려한 경력만큼이나 그의 요리에 대한 노하우와 정성이 대단하다.

그가 지금 이 자리까지 오기란 그렇게 순탄치 않았다고 한다. 좋은 학교를 졸업한 것도 다른 유명한 셰프들처럼 해외 유학의 백그라운드가 있는 것도 아니었다. 먹고 살기 위해 요리의 길을 택했고, 10여 년 전 단돈 이백만 원으로 휴대용 가스레인지를 가지고 포장마차를 시작해 오늘날 대학 강단에 서기까지 수많은 우여곡절을 겪었다. 그가 오늘에 이르기까지 얼마나 많은 땀을 흘리고 노력을 쏟았는지, 그의 요리를 맛본다면 조금이나마 느낄 수 있을 것이다.

〈피피케이 키친〉의 손님층은 참 흥미롭다. 보통

특정 손님층이 아닌 다양한
사람들이 이곳을 찾는다.

셰프를 포함한 모든 직원이
함께 음식을 만들고 서빙도 한다.

의 펍이나 레스토랑들은 특정 손님층이 주를 이루며 매장의 콘셉트로 굳어 가는데, 이곳을 찾는 사람들은 정말 다양하다. 젊은 연인들은 물론이며, 삼 삼오오 몰려오는 친구들, 유모차를 끌고 나온 젊은 부부들, 중년의 아주머니들, 연세 지긋하신 어르신들과 가족들까지, 그리 넓지 않은 공간에서 세대를 넘어서는 교감이 가능하다는 것이 참 매력적이다.

이곳의 또 다른 특이한 점은 주방 직원과 홀 서빙 직원이 따로 구분된 것이 아니라, 모든 직원들이 음식을 만들고 서빙도 같이 한다는 것이다. 메뉴 개발은 물론 식자재 구매까지도 함께 한다는 것이다.

> "자신이 만든 음식을 손님에게 직접 내줬을 때 책임감이 더욱 커지죠. 손님들의 만족도 배가 되고요. 무엇보다 손님들과의 소통과 신뢰가 중요하다고 생각했어요."

박 대표의 말에서 그의 철학이 배어 나온다. 이곳의 직원들은 모두 호텔 조리학과 출신 제자이며 인생의 후배들로, 요리에 대한 열정만으로 한자리에 모였다고 한다.

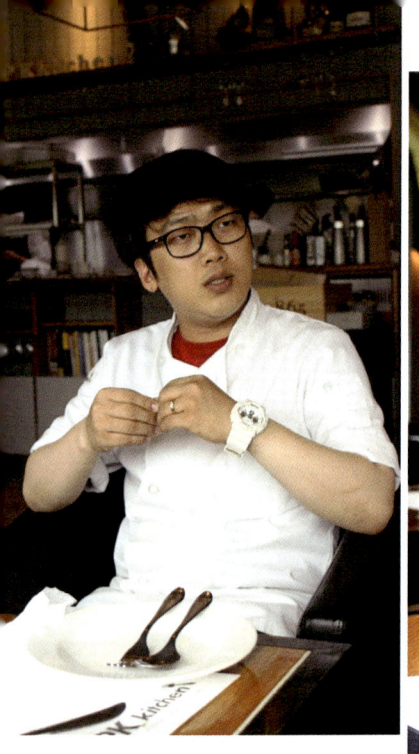

박 대표는 요리 강의를 통해 재능 기부도 하고 있다.

　"제가 굉장히 어렵게 요리를 시작했거든요. 많은 사람들에게 저 같은 사람도 이렇게 잘하고 있다는 것을 알려주고 싶었어요. 그리고 저와 같은 꿈을 꾸고 있는 분들에게 노하우를 전달하고 싶었죠. 돈이 없어도, 유학을 가지 못해도, 좋은 학교를 졸업하지 못해도 요리에 대한 열정과 사랑이 있다면 훌륭한 요리사가 될 수 있다는 걸 후배들에게 보여주고 싶어요. 재능기부는 아이들에게 보다 넓은 안목을 심어주고 싶어서예요. 저로 인해 요리를 배우고 요리사의 꿈을 키우는 아이들이 생길 수도 있잖아요."

수줍은 미소를 지어 보이는 박 대표의 모습에 신뢰가 절로 쌓인다.

지금은 대중적인 맥주 라인업으로 맥주와 요리의 페어링을 시도하고 있지만, 앞으로 맥주 공부에 더욱 매진해 새로운 스타일의 맥주를 점차적으로 늘려나갈 예정이라고 한다. 요리에 어느 정도 감을 잡아가고 있는데 이제는 맥주에 와인까지 공부해야 하니 공부가 끝이 없다며 행복한 불만을 터놓는 박 대표에게서 열정이 전해진다.

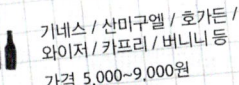

 기네스 / 산미구엘 / 호가든 / 하이네켄 / 밀러 / 버드와이저 / 카프리 / 버니니 등
가격 5,000~9,000원
이외 다양한 와인 구비

 채끝등심 스테이크 / 뚝배기 빠네 파스타 / 소갈빗살 스테이크 샐러드 / 사천식 상하이 파스타 / 막걸리를 이용한 천연 발효종 피자(스테이크 피자 / 사과 피자 / 갈릭 스노잉 피자 / 콰트로치즈 피자 등) / 샐러드 등
가격 5,000~29,900원

지도 보기

피피케이 키친에 대해 더 궁금하다면?

이 밤을 완벽히 즐기기 위하여
코키 펍 Cocky Pub & Grill / 야탑점

🏠 경기도 성남시 분당구 야탑동 388-4(매화로37번길 7-1)

☎ 031-702-0707

🚈 지하철 분당선 야탑역 2번 출구 방향

🕐 월~목, 일 16:00~01:00 / 금, 토 16:00~03:00

🅿 가능

맥주를 펍에서 즐기는 또 하나의 재미는 펍에서 느껴지는 힘과 에너지가 아닐까 한다. 와인은 왠지 어느 정도 격식을 차려야 할 것 같지만, 맥주는 편안하게 즐길 수 있어야 제 맛이라는 느낌 때문일 것이다. 펍 안에 울려 퍼지는 비트 있는 음악과 바와 테이블에서 터져 나오는 폭소, 그리고 한쪽에서 벌어지는 신나는 게임 한판. 전형적인 웨스턴 펍의 모습을 하고 있는 이곳은 바로 〈코키 펍〉이다.

〈코키 펍〉은 지난 10여 년간 이태원에서 정통 웨스턴 펍을 운영한 경영진들이 분당 야탑 상권에 새로운 맥주 문화 트렌드를 리드하고자 오픈한 곳이다. 분당의 맥주 마니아들이 미나면 이태원까지 가지 잃고도 다양한 맥주를 부담 없이 즐길 수 있는 곳이라는 소문이 퍼져 마니아들 사이에서 인기가 엄청나다. 이태원에서의 성공적인 펍 운영 경험이 한몫을 한듯하다.

Cocky는 '자신감이 넘치는'이란 뜻으로 이태원에서 얻은 경험과 노하우를 바탕으로 손님들에게 최고의 서비스를 제공하겠다는 운영진들의 자신감의 표현이라고 한다.

이곳은 13가지의 탭 맥주와 26종의 병맥주를 약 25가지의 요리와 골라 마시는 재미가 있다. 기본에 충실한 요리들은 보통 그릴에 구워져 나오는데 그릴 요리들은 물론이고, 다른 요리들 역시 그 맛이 일품이다.

단순히 탭의 수가 많은 것보다 얼마나 탭과 노즐, 케그의 보관과 유지 관리를 잘했는가가 중요하다는 것은 맥주 애호가라면 누구나 다 잘 알고 있는 사실이다. 그런 점에서 이곳은 맥주의 신선도와 맛을 모두 잡아주는 저온 숙성 창고를 특별히 제작하여 최고의 맥주 맛을 구현하고 있다.

펍은 단순히 음식과 맥주를 구매하는 소매점의 역할을 하는 공간이 아니다. 서비스를 제공하는 이들과 제공받는 이들이 상호 교류하며 하나의 문화를 만드는 공간이다. 이곳의 직원들은 모두 미남미녀이기도 하거니와 친절함이 느껴지는 세세한 서비스를 펍에 있는 내내 느낄 수 있게 해준다. 매니저인 미국 캘리포니아 출신의 조이는 물론이고 직원들도 영어가 가능해 외국인들도 많이 찾아와 고향의 펍에 온 것처럼 친구들과 함께 즐거운 시간을 보내곤 한다.

요즈음 비어 펍이 하루가 멀다하고 새롭게 오픈히여 홍수처럼 넘쳐 나고

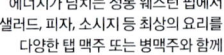
에너지가 넘치는 정통 웨스턴 펍에서
샐러드, 피자, 소시지 등 최상의 요리를
다양한 탭 맥주 또는 병맥주와 함께

있지만, 순간적인 유행만을 따라가다 보면 결국은 오래 견디지 못하고 시장에서 사라지게 된다. 트렌드를 리드하면서도 기본에 충실한 정통 웨스턴 펍의 기준을 세우겠다는 것이 〈코키 펍〉 운영진들의 포부다. 흔히 접할 수 있는 퓨전 펍, 호프, 스몰비어가 아닌 외국인 직원과의 협력을 통한 정통 웨스턴 펍의 절대적 기준을 제시할 것이란다.

최고의 맛과 품질을 자랑하는 맥주와 그에 페어링되는 최고의 요리라도 가격이 부담스러우면 손님들에게는 그림의 떡일 수밖에 없다. 하지만 이곳은 저렴한 가격까지 모두 갖춘 정통 웨스턴 푸드를 제공하고 있어 언제, 누구와도 부담 없이 함께 할 수 있다.

〈코키 펍〉은 화려하거나 유행을 따라가는 인테리어보다는 아늑하고 편안한 분위기를 만들어, 손님들에게 마음의 벽 없이 다가가고자 최선을 다했다. 힘들었던 일상에서 편안한 복장으로 찾아가 시원한 맥주, 그리고 맛있는 음식으로 지친 마음을 달랠 수 있는 힐링의 공간이 여기 있다.

MENU

탭 맥주: 킬케니 / 버드와이저 / 기네스 / 에딩거 헤페 / 레드락 / 7브로이 필스 / 산미구엘 필젠 / 크롬바커 필스 / 호가든 / 그레이트 화이트 / 인디카 IPA / 오비 골든라거 등
가격 3,500~10,000원
병맥주 26여 종
가격 4,000~9,000원

립 아이 스테이크 / 롤 그릴드 소시지 / 바비큐 폭립 / 샌드위치 / 샐러드 / 스낵 / 피자 등 25여 가지
가격 6,500~26,000원

지도 보기

취향이 달라도 괜찮아
맥주 바켓 Beer Barket

♥ 友 👤

🏠 경기도 시흥시 대야동 563(비둘기공원7길 27)
☎ 031-404-2032
🚇 지하철 1호선 금천구청역
🕐 17:00~03:00
🅿 5대

    예전에는 음식을 정하고 그에 맞는 매장으로 가거나, 일반 호프집에서 소시지나 골뱅이를 시켜놓고 "생맥주 두 잔이요"하고 주문하면 그게 술자리였다. 그러나 이젠 좋아하는 맥주가 각양각색이라 맥주에 맞춰 움직여야 하는 경우가 많다. 이런 대세에 발맞춰 과연 셀프형 세계맥주할인점의 홍수라 해도 과언이 아닐 정도가 되었다.

    여기저기 지하, 1층, 2층 가리지 않고 상권이 형성된 곳이면 몇 개의 셀프형 맥줏집을 쉽게 발견할 수 있다. 음식을 주문하지 않아도 좋고, 외부에서 사와도 좋고, 점주 입장에서는 조리사 없이 운영이 쉬워서 좋고. 여러 장점 때문에 너도나도 창업에 뛰어들다 보니 프랜차이즈 종류만 해도 한두 가지가 아니다. 하지만 아이러니하게도 음식이 필요 없어서 찾던 셀프형 세계맥주전문점이 이젠 음식이 없어 손님들로부터 외면을 당하고 있다. 아직까지 우리의 맥주 문화는 요리 없이는 무리인 듯하다.

    수많은 셀프형 세계맥주 전문점 중에서 〈맥주 바켓〉은 일반 펍과 셀프

매장 중간에 병맥주를
가로로 진열해 두어
먹는 재미를 더한다.

형 펍을 합친 하이브리드 세계맥주 할인 아울렛이라 할 수 있다. 최근엔 많은 셀프형 병맥주 전문펍에서 간단한 몇 가지 요리를 취급하고 있긴 하지만 〈맥주 바켓〉, 특히 시흥 대야점은 150여 가지의 다양하고 저렴한 맥주와 40여 가지의 요리를 갖추고 있는 곳이다. 물론 요리 없이 즐겨도, 음식을 사와도, 배달을 시켜도 모두 오케이다. 이곳의 음식은 멕시칸 스낵, 치킨, 샐러드, 소시지, 피자부터 떡볶이 등의 퓨전 한식까지 선택의 폭이 크다. 저마다의 입맛을 가진 손님들의 맥주 선택권과 요리 선택권을 동시에 만족시켜 준다.

〈맥주 바켓〉의 가장 큰 장점 중 하나는 가격 경쟁력이다. 다양한 선택의 폭이 있으면서 동시에 2,900~9,900원의 저렴한 맥주와 요리 또한 6,900~19,900원으로 부담 없어, 20~30대의 대학생과 젊은 직장인들에게 인기가 많다. 중년 직장인들 중에도 세계맥주 애호가들이 늘어나면서 퇴근 후 더할 나위 없이 좋은 행아웃 플레이스로 자리 잡아 가고 있다.

인테리어도 젊은 감각에 맞춰 캐주얼하면서도 고급스럽고 깔끔한 이미

캐주얼하면서도
고급스러운 느낌이
누구의 취향에도
제격이다.

기존의 셀프형 비어 펍에서는 볼 수 없었던
정성 가득 담긴 요리들이 나온다.

지로 마무리되어 있다. 이곳은 14년간 국내 세계맥주시장을 리드해 온 〈와 바〉의 노하우가 고스란히 녹아 있어, 손님의 니즈를 정확하게 파악해 서비 스를 제공하고 있다.

맥주 취향이 달라 누구의 입맛에도 맞출 수 없을 때, 주저 말고 고민 말고 모두를 만족시켜 줄 〈맥주 바켓〉으로 발걸음을 옮겨보자.

MENU

병맥주 150여 종
가격 2,900~9,900원

나쵸 / 샐러드 / 치킨 / 립팁 /
소시지 / 피자 등 40여 종
가격 6,900~19,900원

지도 보기

맥주 바켓에 대해
더 궁금하다면?

4. 맥주 제조를 한눈에 볼 수 있는 진정한 브루하우스 비어

숨겨진 나만의 비밀 공간
더 테이블 Brew House The Table

🏠 경기도 고양시 일산동구 풍동 123(백마로 504)

☎ 070-8241-2939

🚌 지하철 3호선 원당역에서 마을버스 85, 99번 또는 일반버스 11번 이용, 풍동 은행마을 또는
은행마을 입구 정거장에서 하차 후 맞은편 기아자동차 건물 지하(약 10분 소요) / 3호선 마두
역에서 11번 버스 이용, 풍동 은행마을 정거장에서 하차(약 15분 소요)

🕐 월~금 16:00~02:00 / 토, 일 13:00~02:00

🅿 가능

요즘은 하우스 맥주, 크래프트 비어, 수제 맥주란 말이 낯설지 않다. 주위 어디에서든 쉽게 듣고 또 볼 수 있다. 하지만 진정한 의미의 하우스 맥주는 펍에서 직접 양조하는 맥주를 가리킨다. 기의 대부분의 하우스 비어들은 사실 위탁 양조되었거나 아니면 중소 양조장의 자체 맥주.

그러나 일산 풍동에 위치한 〈더 테이블〉이야말로 진정한 브루하우스 펍이며, 마이크로 브루어리다. 양조 시설이 브루 펍 규모로서는 국내 최대가 아닐까 생각된다. 이곳에서 만들어진 7가지의 크래프트 비어는 〈더 테이블〉종로 직영점은 물론 서울 시내 크래프트 전문 펍에도 공급되고 있다.

뉴욕에서 10년 이상 거주했던 가족들이 운영하는 패밀리 비즈니스로, 미국 각 지역의 특색을 살린 마이크로 브루어리와 브루 펍을 보고 영감을 얻어 우리나라의 맥주 문화의 성숙을 기대하면서 펍을 오픈했다고 한다. 이러한 계기를 통해 현재 일산을 대표하는 지역 명물 브루어리로 자리 잡아 저렴한 가격에 양질의 맥주를 소개하고 있다.

오너 일가는 1996년부터 수입 병맥주 사업을 해오다가, 2008년부터 하우스 맥주 사업을 준비하여 2009년 종로에 〈더 테이블〉 1호점을 오픈하고, 양조 시설을 늘리면서 2012년에 일산에서 새로운 브루어리를 오픈했다.

뭐니뭐니해도 이곳의 자랑은, 매장에서 직접 양조된 멸균이나 필터링이 되지 않은 신선한 7가지의 하우스 맥주다. 과일 향이 은은하고 부드러운 헤페 바이젠Hefe Weizen은 물론이고, 꿀의 아로마와 달달함이 맥주의 풍미를 더해주는 허니 브라운Honey Brown, 영국식 마일드 에일Mild Ale, 독일식 둔켈Dunkel, 미국식 엠버 에일Amber Ale 등 다양한 스타일의 맥주를 맛볼 수 있다. 특히 오렌지 드레싱을 곁들인 상큼하고 달콤한 망고와 같이 서빙되는 닭가슴살 샐러드와 헤페 바이젠을 함께하면 맥주의 깊은 향과 맛을 더욱 진하게

〈더 테이블〉에는 맥주 제조를
한눈에 볼 수 있게 유리로 된 작업실이
한쪽에 마련되어 있다.

경험할 수 있다.

가격도 엠버 에일을 제외하고는 모두 4,500원으로 대기업 라거 맥주와 거의 비슷한 파격적인 가격에 다양한 크래프트 에일 맥주를 즐길 수 있다.

이곳의 탁 트인 실내에는 중앙의 T자 모양의 바를 포함하여 140여 석의 좌석이 있어 단체 모임은 물론 가족 단위의 손님들도 많이 찾는다. 매장에서 직접 들여다볼 수 있는 유리로 된 작업실 안에는 독일제 담금조, 발효조, 숙성조, 저장조가 웅장하게 자리 잡고 있어 이 또한 볼만하다.

"수입 맥주에 의해 자리 잡아가고 있는 국내 맥주시장에 더 많은 중소 양조장들이 생겨나 자존심을 건 맥주를 만들고 우리나라 맥주 대중화의 디딤돌이 되었으면 좋겠어요. 저도 우리의 토속 과일의 맛과 향을 살린 맥주를 개발하고 이를 외국으로 수출해 우리나라를 알리고 싶어요. 맥주는 좋은 시설과 장비도 중요하지만, 맛있는 맥주를 만들려는 정성과 자부심이 더 중요하다고 생각해요."

걱정 반 기대 반, 우리나라 맥주시장에 대한 오너의 기대와 바람이 맥주 맛을 더욱 풍미롭게 한다.

MENU

필스너 / 너겟 에일 / 헤페 바이젠 / 허니 브라운 / 마일드 페일 에일 / 뮤닉 둔켈 / 엠버 에일

가격 4,500~5,000원

이외 6종 샘플러 15,000원

수제 소시지 / 오븐 치킨 / 치즈 플래터 / 찹 스테이크 / 고르곤졸라 피자 / 해물 치즈 떡볶이 / 샐러드 / 모둠 베이컨 롤 / 골뱅이 소면 등

가격 9,000~24,000원

지도 보기

5. 맥주야, 치킨이랑 그만 놀고 피자랑 바람피자

선별된 특별한 맥주가 있는 곳
에일코너 Ale Conner

♥ 友 ♊ ⫟

🏠 경기도 수원시 권선구 곡반정동 568-2(곡선로50번길 13-6)
☎ 031-235-3312
🚌 버스 80, 82, 82-1, 83-1, 85, 92, 99-2번 수원아이파크4단지 하차
🕐 월~금 16:00~1:00 / 토, 일 13:00~1:00
🅿 불가능

　최근 몇 년 사이 서울의 이태원과 홍대 일대를 중심으로 불고 있는 크래프트 비어의 열풍이 경기도의 중심 수원에도 불고 있다. 맥주가 맛있기로 소문난 서울의 펍에서 선보이는 맥주를 이제 수원의 〈에일코너〉에서도 마실 수 있다.

　11세기 영국의 맥주 검사원에서 유래된 말을 따온 〈에일코너〉는 그 이름처럼 초보자에서부터 마니아까지 아우를 수 있는 맥주를 엄선하여 다양한 경로를 통해 들여와 손님들에게 제공하고 있다. 또한 수제 맥주는 온도나 탄산의 미세한 차이에도 맛이 달라질 수 있으므로 이곳의 브루마스터가 직접 맥주를 선별하고 관리 및 서빙을 한다고 한다. 그래서 이곳을 찾는 손님들은 언제나 최적의 상태에 있는 신선하고 맛있는 수제 맥주를 맛볼 수 있다.

　〈에일코너〉의 맥주 라인업은 입문용에서 마니아층이 선호하는 종류에 이르기까지 다양하다. 비록 수제 맥주에 대해 잘 모른다 하더라도 브루마스

치즈튀일 & 포테이토 볼은
여느 맥줏집에서는 맛볼 수 없다.

터의 교육을 받은 직원들이 손님들의 취향에 적합한 맥주를 추천해 주고 있기에 어려움 없이 자신의 기호에 따라 맥주를 선택하여 즐길 수 있다.

맥주와 곁들여 먹을 요리로는 손님들에게 많은 인기를 끌고 있는 피자와 치즈튀일 & 포테이토 볼을 추천한다. 지름이 무려 45cm로 성인 4~5명이 먹어도 부족함이 없을 정도의 양을 자랑하는 피자는 치즈와 페퍼로니 두 종류가 있다. 잘 구워낸 피자에 매콤하면서도 달콤한 맛이 배어있는 크러쉬드 페퍼를 뿌려 한입 베어 문다면 색다른 별미를 경험하게 될 것이다. 〈에일코너〉의 시그니처 메뉴인 치즈튀일은 치즈를 담백하게 구워내오는 프랑스식 전통과자로 일반 맥줏집에서는 보기 힘든 메뉴다. 튀일을 한 조각 한 조각 먹다보면 언제 그랬냐는 듯 잔은 비게 되고 자연스레 한 잔을 더 주문하게 될 것이다. 치즈튀일과 함께 나오는 포테이토 볼은 감자의 속살을 기름에 튀기지 않고 오븐에 구운 것으로 담백한 맛이 일품이다.

현재 〈에일코너〉는 다른 크래프트 브루어리의 맥주를 유통 받아 손님들에게 제공하고 있지만, 머지않은 시일에 자체 레시피로 오리지널 수제 맥주를 만들어 전국의 내로라하는 펍의 메뉴판에 이름을 알릴 계획을 하고 있다.

MENU

벨지안 화이트 5,000원
독일식 바이젠 6,000원
플래티넘 페일 에일 5,000원
카피 캣 7,000원
BW IPL 7,000원
브라운 포터 6,000원
인디카 IPA 8,000원
샘플러A 9,000원
샘플러B 10,000원 등

치즈 피자 20,000원
페퍼로니 피자 20,000원
조각 피자 4,000원
치즈튀일 & 포테이도 볼 7,000원
모둠 소시지 9,000원
미니 크래커 1,000원

지도 보기

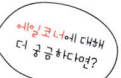

에일 코너에 대해 더 궁금하다면?

모든 맥주는 반드시
전용 잔에 마셔야 한다

각각의 맥주 전용 잔은 맛, 향, 온도, 거품 생성 등의 요인을 고려하여 디자인되어 맥주의 맛을 가장 극대화 시킬 수 있도록 만들어졌다. 따라서 잔만 적절히 잘 골라도 맥주의 풍미를 한층 더 끌어올릴 수 있다. 맥주를 병째 마시는 것은 후각, 시각은 물론이며 거품 형성도 방해해 제대로 된 맛을 느끼기 위한 좋은 방법이 아니다.

고유의 향과 진한 맛의 에일 스타일의 맥주는 향이 쉽게 퍼질 수 있도록 잔 입구가 넓은 잔이 적합하고, 상대적으로 낮은 온도에서 마시는 라거 맥주는 열전도율이 낮은 두꺼운 잔이 좋다. 섬세한 향을 가진 맥주는 입구가 좁아 향을 모아주는 잔이 좋으며, 탄산 함량이 높은 맥주는 길고 가는 잔을 사용하면 탄산이 날아가는 시간을 늦출 수 있고 기포가 올라가는 것을 시각적으로 즐기기에도 좋다. 이처럼 각 맥주스타일에 맞춰 알맞은 전용 잔을 사용하면 더할 나위 없이 좋다. 그러나 전용 잔이 없더라도 최소한 병이나 캔을 그대로 마시지 말고 기본적으로 잔에 따라 마시면 훨씬 더 맛있게 맥주를 즐길 수 있다.

필스너형

필스너형 잔은 모양이 길고 가늘어 맥주의 아로마를 잘 전달한다. 긴 형태와 투명한 유리로 맥주의 맑은 색과 올라오는 거품의 흐름을 눈으로 확인할 수 있으며, 거품이 오래 유지되도록 디자인되어 있다. 브랜드별로 그 크기와 모양도 다양하며, 꼭 필스너 맥주가 아니어도 여러 가지 다양한 스타일에 무난하게 사용하기에 좋은 맥주잔 스타일이다.

텀블러형

텀블러형 역시 그 모양과 크기가 무척이나 다양하지만, 일반적으로 유리가 비교적 두꺼워 손의 온도가 맥주잔에 전해지는 것을 막아 맥주의 차가움을 오랫동안 유지시켜 준다. 입구가 넓어 맥주의 향도 풍부하게 느낄 수 있다. 또한 잘 깨지지 않아 보관과 세척이 용이하며, 마시기도 쉬워 다양한 스타일의 맥주에 쓰임새가 많다. 스타우트, IPA, 라거, 위트 비어 등에 잘 어울린다.

고 블릿형

고블릿은 둥근 형태의 잔에 받침이 달린 스타일로, 잔 입구가 넓어 미세한 향까지 느낄 수 있어 아로마가 상대적으로 약하면서 맛이 진한 맥주에 적합하다. 잔 아래를 손바닥으로 감싸 쥐면서 마시는 것이 특징인데, 이는 맥주 온도를 높여 향의 발산을 돕기 위한 것으로 향이 섬세하고 진한 고급 에일에 잘 어울린다.

튤립형

튤립형은 넓은 범주로는 고블릿잔의 한 형태다. 잔의 윗부분이 좁아 얇고 촘촘히 생기는 거품을 풍부하게 유지하는 데 적합해 맥주의 향을 느끼기에 이상적인 잔이다. 고급 에일 맥주와 프리미엄 라거 맥주에 적합하며, 거품 지속력과 풍미를 강화하는 이산화탄소 유지에 도움을 준다. 맥주가 부어질 때 잔과 술 사이의 파장을 일으키는 데에도 도움을 주며, 맥주를 오랫동안 차갑게 유지할 수 있다.

어그형

머그형 잔은 일반적으로 두껍고 무거운 유리로 만들어져 열전도율이 낮아 차게 보관했다 시원한 라거를 부어 마시면 그 차가움을 오래 유지하며 즐길 수 있다. 잔의 용량도 크고 손잡이가 있어 파티에서 건배하기에 용이하여 차게 파티용으로 즐기는 라거 맥주에 적합한 잔이다.

파인트 글라스

파인트 글라스도 다양한 크기와 모양으로 나오며, 가장 쓰임새 많은 맥주잔의 형태 중 하나다. 잔이 비교적 두꺼워 잘 깨지지 않으며, 입구가 넓어 세척도 용이하고, 여러 잔을 겹쳐 쌓아 올려 보관할 수 있는 장점 때문에 펍에서는 가장 선호하는 잔의 형태다. 가정에서도 이 같은 장점 때문에 여러 맥주에 범용으로 쓰기에 가장 부담 없고 편한 잔으로 하나쯤 구비해 둘 만하다.

바이젠 글라스

바이젠 글라스는 주로 잔의 높이가 높으며, 윗부분이 다소 오므라들어 있어 밀 맥주의 향을 잡아 주기에 유용하도록 디자인되었다. 바이젠 글라스 역시 밀 맥주에 국한되지 않고 다양한 맥주에 사용하기 좋다. 특히, 탄산이 강한 맥주를 마실 때 거품이 올라가는 것을 보며 시각적으로 즐겁게 맥주를 즐기기에 좋은 맥주잔 중 하나다.

지금까지 다양한 펍을 만끽했다면,
이제 맥주를 더 맛있게 즐기는 것만 남았다.
맛도 향도 다양한 맥주!
저마다 다른 스타일의 맥주를
어떤 음식과 함께하느냐에 따라
그 음식과 맥주의 느낌 모두 달라질 수 있다.
맥주와 궁합이 잘 맞는 음식은
맥주의 깊은 맛과 풍미를
더욱더 살려 주기 때문이다.
물론 이 궁합이 절대적인 것은 아니다.
단지 참고하면 좋을 뿐,
맥주와 어울리는 음식의 선택은
본인의 입맛이 가장 중요하다.
맥주를 즐기는 데 있어서,
무엇보다 중요한 것은 좋은 사람들과
함께 유쾌하게 마시는 것이다.
지금부터 맥주를 맛있게,
그리고 예쁘게
혹은 멋있게 즐길 수 있는
맥주의 푸드 페어링을 알아보자.

비어-푸드 페어링Beer-Food Pairings

그 맥주의 소울푸드

01

Nice to "meat" you

고기로 만든 요리

1. 독일 맥주 축제의 주인공

슈바이네 학센Schweinshaxen

독일의 맥주 축제에서 빠지지 않는 독일식 전통 돼지 족발 요리인 슈바이네 학센. 돼지 족을 흑맥주로 삶아낸 뒤 오븐에 장시간 구워낸 것이다. 겉은 바삭하면서 속은 야들야들하고 쫄깃해 두 가지 식감을 즐길 수 있다. 보통 플레이트 된 학센에 나이프를 수직으로 꽂아서 서빙되는 것이 특징이다.

도펠 복, ESB, 레드 에일, 스트롱 에일 등의 독일 정통 맥주와 함께 즐기면서 독일 축제 분위기를 한껏 내 보는 것은 어떨까?

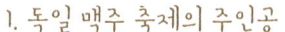

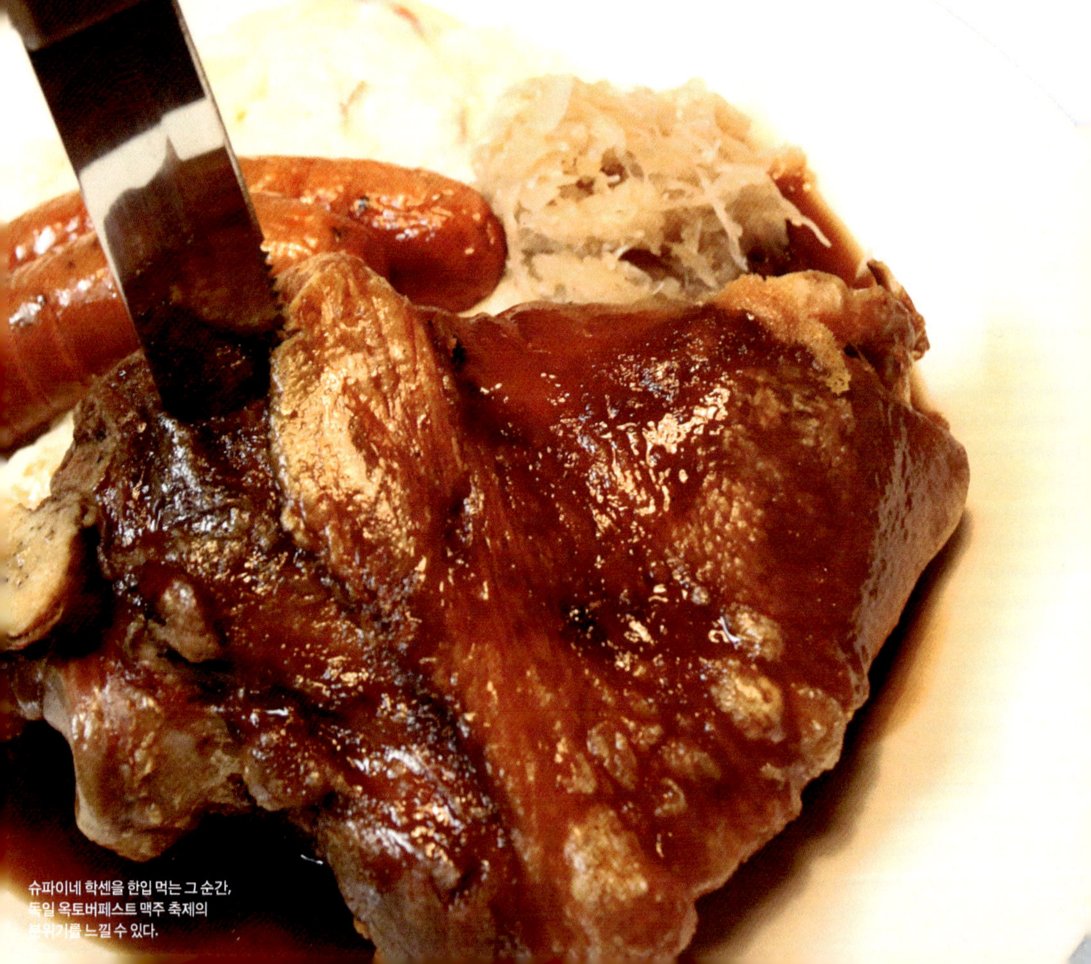

슈파이네 학센을 한입 먹는 그 순간,
독일 옥토버페스트 맥주 축제의
분위기를 느낄 수 있다.

제품명 바이엔슈테판 코르비니안Weihenstephaner Korbinian
생산지 독일 **스타일** 도펠 복⁺ **전용 잔** 튤립 글라스
추천 온도 9~13℃ **알코올 도수** 7.4% **발효 방식** 하면발효
추천 요리 바비큐, 파스타, 치킨, 학센
리뷰 바이엔슈테판 수도원 지하 터널에서 장기 저온 저장 숙성
된 다크 라거다. 다크 몰트, 다크 캐러멜 몰트의 묵직한 여운과
할러타우 홉의 쌉쌀함이 잘 어우러진다. 레드 와인의 강한 피
니시가 드라마처럼 펼쳐지는 바이에른 도펠 복의 지존이며 바
이엔슈테판 브루어리의 자존심인 맥주다.

제품명 레드훅 ESBRedhook ESB
생산지 영국 **스타일** ESB **전용 잔** 파인트 글라스
추천 온도 9~13℃ **알코올 도수** 5.8% **발효 방식** 상면발효
추천 요리 돼지고기, 치즈, 샐러드, 스테이크
리뷰 1987년부터 정통 영국 ESB 스타일로 양조하기 시작하여, 현재는 엠버
에일 스타일의 벤치마킹 대상이 된 맥주다. ESB임에도 불구하고 쓴맛보다
는 오히려 부드러움을 느낄 수 있으며, 캐러멜 향 몰트의 달콤함과 홉의 쌉
쌀함이 잘 어울리는 미국 크래프트 맥주의 원조격이라 할 수 있다.

독일 맥주와 독일 전통 요리의 페어링,
두말이 필요 없다.

제품명 닌카시 빌리버 더블 레드 에일Ninkasi Believer Double Red Ale

생산지 미국   **스타일** 레드 에일   **전용 잔** 파인트 글라스

추천 온도 9~13℃   **알코올 도수** 6.9%   **발효 방식** 상면발효

추천 요리 오리고기, 돼지고기, 양고기, 초콜릿, 피자

리뷰 닌카시는 고대 수메르인들이 섬기던 맥주의 여신으로, '인간의 입을 채워주는 여신'이라는 뜻을 가진다. 여기에 빌리버를 붙여 맥주의 여신 닌카시를 믿는 이들을 위해 만들어진 맥주라는 의미가 되었다. 풍부하고 진한 맥아의 맛과 충분한 홉의 향연이 어우러져 마시는 한 모금 한 모금마다 완벽한 조화를 느낄 수 있다.

제품명 바이엔슈테판 인피니움Weihenstephaner Infinium

생산지 독일   **스타일** 벨지안 스트롱 에일   **전용 잔** 튤립 글라스

추천 온도 7~9℃   **알코올 도수** 10.5%   **발효 방식** 상면발효

추천 요리 과일, 학센, 바비큐, 치즈

리뷰 2009년 겨울, 세계에서 가장 오래된 독일의 바이엔슈테판 양조장과 미국 최고의 크래프트 브루어리 사무엘 아담스의 파트너십 체결을 계기로 탄생된 샴페인 같은 벨지안 스트롱 에일이다. 병모양도 바닥이 움푹 들어간 샴페인 병 모양에 코르크와 와이어로 봉인하여 하드케이스에 담겨 나오는 위풍당당함이 매력이다. 풍성한 헤드에 달콤한 과일의 맛과 향이 절묘한 샴페인 같은 맥주로 특별한 날을 더욱 가치있게 만들어줄 맥주다.

check!

복Bock

독일 아인벡 지역에서 시작된 맥주스타일로 일반 라거보다 더 오래 발효시켜 알코올과 쓴맛이 다소 강하다. 전통적으로 추운 겨울, 봄을 따뜻하게 해주기 위해 마시는 맥주였다. 대표적인 맥주로는 사무엘 아담스 윈터 라거, 암스텔 복 등이 있다. 도펠 복Doppelbock은 일반 복 비어에 비해 알코올 함량이 높은 복 비어다. 대표적인 맥주로는 파울라너 살바토르, 바이엔슈테판 코르비니안, 슈나이더 아벤티누스 도펠 복 등이 있다.

2. 궁극의 완벽한 고기 요리

등심 스테이크 Beef Sirloin Steak

스테이크는 티본, 립아이, 뉴욕스트립, 텐더로인 등 다양한 부위와 고기 종류가 있지만 스테이크 맛의 핵심은 무엇보다 신선한 고기를 질기지 않게 육즙을 그대로 담아내는 것이 포인트다. 고기에 그릴 자국이 깊게 남으면서 육즙이 빠져나오지 않게 그릴의 강한 불에 굽는다. 소금, 후추의 기본 간만으로 믹는 것이 고기 본연의 맛을 즐기기에 가장 알맞은 조리 방식이며, 기호에 따라 소스를 뿌려 먹기도 한다. 여기에 양파, 버섯 등의 야채를 보기 좋게 곁들이면 영양적으로도 훌륭한 요리가 될 수 있다.

스테이크야말로 서구식 식사의 메인 요리로 특정 맥주스타일 없이 어느 맥주와도 잘 어울린다. 헤페 바이젠, 크리스탈 바이젠, IPA, 브라운 에일, 포터, 스타우트 등 다양한 맥주 가운데 자신의 취향에 맞는 맥주를 골라 환상적인 스테이크 맛과 함께 즐겨보기 바란다.

고기 본연의 맛을 최대한 살리기 위해
소금과 후추로만 간을 한 등심 스테이크는
어울리지 않는 맥주가 없을 정도다.

가펠 소넨 호펜, 바이엔슈테판 크리스탈,
크롬바커 바이젠, 에델바이스 바이스비어 등
자신이 가장 선호하는 맥주를 골라
등심 스테이크와 함께 즐겨보자.

등심 스테이크와 가장 어울리는 맥주는?

제품명 에델바이스 바이스비어 Edelweiss Weissbier
생산지 오스트리아   **스타일** 헤페 바이젠   **전용 잔** 바이젠 글라스
추천 온도 9~10℃   **알코올 도수** 5.4%   **발효 방식** 상면발효
추천 요리 스테이크, 소시지, 바비큐
리뷰 탁한 흐린 골드 보디에 거품이 풍부하게 오래 유지되며, 바나나, 과일, 꽃의 아로마가 환상적으로 조화를 이룬다. 입감이 매우 부드러우며, 코의 느낌을 입으로 모두 느낄 수 있는 맥주다.

제품명 바이엔슈테판➕ 크리스탈 바이스비어 Weihenstephaner Kristall Weissbier

생산지 독일   **스타일** 정제 위트 비어   **전용 잔** 바이젠 글라스

추천 온도 9~10℃   **알코올 도수** 5.4%   **발효 방식** 상면발효

추천 요리 소시지 요리, 고기류, 훈제연어, 샐러드

리뷰 샴페인 바이젠이라는 별명을 지닌 신선한 과일 향의 깔끔한 밀 맥주로 효모가 정제되어 투명한 색상을 띤다. 상쾌한 스파클링과 깔끔한 맛으로 샴페인 같은 느낌을 주는 맥주다.

제품명 크롬바커 바이젠 Krombacher Weizen

생산지 독일   **스타일** 헤페 바이젠   **전용 잔** 바이젠 글라스

추천 온도 9~10℃   **알코올 도수** 5.3%   **발효 방식** 상면발효

추천 요리 소시지 요리, 고기류, 샐러드, 애피타이저

리뷰 탁한 골든 브라운색의 보디에 거품이 풍부하여 다 마실 때까지 거품이 남아 있다. 밀 몰트의 강한 향, 바나나, 바닐라, 감귤류의 향이 잘 조화되는 부드러운 맥주다.

제품명 가펠 소넨 호펜 Gaffels Sonnen Hopfen

생산지 독일   **스타일** 쾰시   **전용 잔** 파인트 글라스

추천 온도 5~7℃   **알코올 도수** 4.7%   **발효 방식** 상면발효

추천 요리 치킨, 과일, 감자, 고기류

리뷰 미국 캘리포니아 야키마 벨리 지역에서 생산된 시트라 홉을 사용하여 만든 서머 에일로, 상큼한 시트러스 과일 향과 가펠 쾰시의 풍부한 아로마가 어우러져 부드러운 피니시의 목 넘김을 경험할 수 있다. 한여름 무더위를 해소시켜줄 청량감 가득한 맥주다.

check!

바이엔슈테판 Weihenstephaner

전통과 역사를 지닌 맥주로 725년 베네딕트 수도원 양조장에서 유래를 찾을 수 있다. 근대적 양조법을 확립한 바이엔슈테판은 1000년이 넘는 역사적 전통과 최첨단 양조 과학이 조화를 이루고 있으며, 양조학의 메카인 독일 뮌헨 공과대학의 양조학 연구와 교육기관으로도 명성이 높다. 세계최대 규모의 맥주효모은행을 운영하고 있으며, 세계 많은 맥주회사들의 효모공급원 역할 또한 담당하고 있다.

3. 진한 소스와 부드러운 고기의 만남
햄버거 스테이크 <small>Hamburger Steak</small>

　햄버거 스테이크는 레스토랑의 단골 요리 중 하나로 맥주와 먹기 딱 좋은 음식이다. 팬이나 오븐에 패티를 익혀도 좋지만 숯불에 구워내면 은은한 훈제 향이 배어 더욱 맥주를 부르는 요리가 된다.

　기본적으로 육류 요리는 다양한 스타일의 맥주들과 잘 페어링되는데, 그 중에서도 청량감을 즐길 수 있는 라거 종류가 좋고 헤페 바이젠, 페일 에일, 둔켈 라거 등과도 잘 어울린다.

제품명 휘슬러 베어 포 허니 라거Whistler Bear Paw Honey Lager
생산지 캐나다　**스타일** 아메리칸 애드정트 라거*　**전용 잔** 파인트 글라스
추천 온도 2~5℃　**알코올 도수** 5.0%　**발효 방식** 하면발효
추천 요리 조개류, 고기, 피자, 치즈
리뷰 캐나다 브리티시 컬럼비아주의 100% 유기농 벌꿀을 사용하여 양조된 맥주다. 은은한 벌꿀의 아로마와 달콤한 뒷맛이 인상적이다. 더운 여름에 즐길 수 있는 야외 활동이나 파티에서 차갑게 마시기 좋은 맥주로, 입안의 느낌과 목 넘김이 일품이다. 차갑게 마시면 경쾌하고 상큼한 느낌의 청량감을 느낄 수 있고, 온노들 나소 높이면 꿀의 맛과 향이 한층 더 배가 된다.

제품명 파울라너 헤페 바이스비어Paulaner Hefe Weisbier
생산지 독일　**스타일** 헤페 바이젠　**전용 잔** 바이젠글라스
추천 온도 9~10℃　**알코올 도수** 5.4%　**발효 방식** 상면발효
추천 요리 고기류, 바비큐, 소시지, 치즈
리뷰 해외에서는 물론이고 국내에서도 많은 맥주 애호가들로부터 사랑을 받고 있다. 1634년에 독일 뮌헨에 설립된 파울라너 브루어리에서 만들어진 밀 맥주로, 파울라너는 성 파올라 프란시스의 이름을 딴 것이다. 탁한 황금색 보디에 풍성한 헤드가 지속되며, 풍부한 밀의 맛이 즐거운 헤페 바이젠 맥주로 목 넘김이 무척 부드럽다. 청량감과 은은한 단맛이 느껴지는 크리미한 거품 헤드와 향긋한 과일 향이 절묘하게 조화된다.

은은한 숯불 훈제 향이 배어 나와
후각을 자극함은 물론, 잘 익은 고기와
진한 소스의 어우러짐이 입맛을 돋운다.

제품명 버드와이저Budweiser

생산지 미국　**스타일** 아메리칸 애드정트 라거　**전용 잔** 파인트 글라스

추천 온도 4~6℃　**알코올 도수** 4.7%　**발효 방식** 하면발효

추천 요리 훈제연어, 바비큐, 파스타

리뷰 버드와이저는 맥주를 마시지 않는 사람들도 잘 알고 있는, 세계에서 가장 많이 팔리는 맥주 중 하나다. 투명하고 연한 금빛 보디에 하얀 헤드가 매력적인 야외 캠핑에 어울리는 상쾌하고 청량감 있는 맥주다. 비치우드 에이징 공법✚으로 숙성시켜 부드러운 맛을 낸다.

제품명 스텔라 아르투아Stella Artois

생산지 벨기에　**스타일** 페일 에일　**전용 잔** 고블릿 글라스

추천 온도 7~9℃　**알코올 도수** 5.2%　**발효 방식** 하면발효

추천 요리 바비큐, 파스타, 치킨

리뷰 600년 전통의 벨기에 루벵 양조장에서 생산되는 맥주로 세계적으로 사랑받고 있다. 상쾌하고 청량감이 뛰어나며, 쌉쌀한 뒷맛이 독특한 라거 맥주다. 옅은 황금색으로 풍부한 홉의 향과 크림 같은 헤드를 가진다. 더운 날 갈증을 해소시키기에 제격이며 고기와 잘 페어링된다.

check!

아메리칸 애드정트 라거 American Adjunct Lager

흔히 아메리칸 라거라고 불리는 맥주스타일로, 맥아 외에 옥수수나 쌀 등을 첨가하여 대량생산되는 맥주들이 주를 이룬다. 맛이 연하여 탄산 함량을 높여 톡 쏘는 맛을 더해 주는 경우가 많다. 전 세계적으로 널리 만들어지며 맥주 자체의 아로마나 맛이 강하지 않아서 어느 음식과도 페어링 하기에 좋다. 대표적인 맥주로는 버드와이저, 코로나 엑스트라, 쿠어스, 레드독, 밀러 제뉴인 드래프트 등이 있다.

비치우드 에이징 Beechwood Aging **공법**

맥주에 불필요한 나무 향이 배이지 않게 하면서 30일간의 숙성 기간 동안에 맥주가 깔끔하게 숙성될 수 있도록 바람직한 환경을 제공하는 맥주 공법이다.

4. 품격 있는 버거의 조건
수제 버거와 웨지 포테이토 _{Burger & Wedge Potato}

패티의 두께부터 패스트푸드 버거와는 차원이 다르다. 매장에서 직접 갈은 쇠고기 패티를 그릴에 구워 두툼한 토마토에 신선한 양파와 양상추를 곁들인 수제 버거는 점심시간에 맥주 한 잔과 같이 즐겨도 결코 부담스럽지 않다. 오히려 활기찬 오후를 선사해줄 것 같은 조합이다. 여기에 넉넉하게 웨지 컷으로 잘라 더욱 식감이 좋은 감자튀김도 함께 한다면 금상첨화일 것이다.

버거와 잘 페어링되는 맥주스타일로는 페일 에일, 헤페 바이젠, 위트 비어, 필스너 등을 적극 추천한다.

수제 버거 & 웨지 포테이토와 가장 어울리는 맥주는?

제품명 바이엔슈테판 헤페 바이스비어Weihenstephaner Hefe Weissbier
생산지 독일 　**스타일** 헤페 바이젠* 　**전용 잔** 바이젠 글라스
추천 온도 7~9℃ 　**알코올 도수** 5.4% 　**발효 방식** 상면발효
추천 요리 소시지 요리, 바비큐
리뷰 바나나 향과 풍부한 밀의 맛이 어우러진 정통 바이에른 스타
일의 바이젠 맥주로 목 넘김이 매우 부드럽다. 크리미한 거품 헤
드와 향긋한 과일 향이 절묘하게 어우러진 맥주다.

제품명 쿠퍼스 스파클링 에일Coopers Sparkling Ale
생산지 호주 　**스타일** 페일 에일 　**전용 잔** 파인트 글라스
추천 온도 9~12℃ 　**알코올 도수** 5.8% 　**발효 방식** 상면발효
추천 요리 빵, 파스타, 버거, 햄, 과일
리뷰 다소 탁한 오렌지 구릿빛 보디에 하얀 풍성한 헤드가 레이싱을 남긴다.
레몬과 캐러멜, 몰트, 과일 향이 조화롭다. 과일의 연한 단맛과 홉의 쌉쌀함
이 풍부한 탄산과 잘 어울리는 균형 잡힌 깔끔한 맥주다.

제품명 에딩거 크리스탈Erdinger Kristal
생산지 독일　**스타일** 정제 위트 비어⁺　**전용 잔** 바이젠 글라스
추천 온도 9~10℃　**알코올 도수** 5.3%　**발효 방식** 상면발효
추천 요리 소시지 요리, 바비큐, 훈제연어
리뷰 병 속에 가라앉은 효모를 걸러낸 투명한 밀 맥주다. 여과를 통해 효모를 제거하여 맑고 깨끗한 청량감이 있고, 목 넘김이 좋은 라이트 보디의 맥주다.

제품명 에페스 필스너EFES Pilsener
생산지 터키　**스타일** 필스너　**전용 잔** 필스너 글라스
추천 온도 4~7℃　**알코올 도수** 5.0%　**발효 방식** 하면발효
추천 요리 요리 없이 추천, 치킨 요리, 애피타이저
리뷰 터키 중서부에 위치한 3000년의 역사를 가진 고대 도시 이름인 에페스는 터키를 대표하는 맥주로, 정통 필스너 공법으로 제조된 프리미엄 필스너. 투명한 황금색 보디에 나이스한 헤드로 잔 표면에 폼이 남는다. 몰트와 약간의 홉, 미세한 시트러스 과일 향이 느껴지며 입안에서의 깔끔한 청량감과 홉의 쌉쌀한 맛이 오묘하게 조화된다.

check!

헤페 바이젠Hefe Weizen
헤페는 효모를, 바이젠은 밀을 뜻하는 독일어다. 헤페 바이젠은 효모를 걸러내지 않은 밀 맥주로 풍부한 거품과 혼탁한 색감, 독특한 과일 향이 나는 것이 특징이다. 기존의 라거 맥주만 마시다 처음으로 헤페 바이젠 스타일의 맥주를 접하면, 불투명한 노란색 색감과 풍성한 거품, 그리고 상큼하고 이국적인 과일 향 때문에 전혀 다른 경험을 할 수 있다. 과일 향과 몰트의 향을 코는 물론이고 입안에서도 다시 느낄 수 있으며, 홉의 쓴맛이 상대적으로 강하지 않아 쓴맛을 싫어하는 이들에게 추천할 만한 맥주다. 더운 여름에 시원하게 마셔도 좋고, 날씨가 추워지면 온도를 조금 높여 향과 맛을 더욱 살려 음미해도 좋다. 대표적인 맥주는 에딩거 헤페 바이젠, 투허 헤페 바이젠, 바이엔슈테판 헤페 바이젠 등이 있다. 같은 밀 맥주(바이젠)라 해도 완성된 맥주를 필터링해 효모를 다시 걸러낸 투명한 바이젠은 크리스탈 바이젠이라 한다.

크리스탈 바이젠Kristal Weizen
효모를 여과하여 밝고 투명한 보디 색감을 갖는 밀 맥주다. 대표적인 맥주는 슈나이더 바이스 탭 2, 쉐퍼호퍼 크리스탈 바이젠, 마이셀스 바이스 크리스탈 등이 있다.

5. 흑맥주의 풍미를 입은 깔끔 담백
치킨 스튜 Chicken Stew

스튜 요리는 쇠고기나 돼지고기, 닭고기 같은 고기류에 야채를 크게 썰어 넣어 끓여낸 요리로, 빵을 주식으로 하는 서양인들의 식사에 빠지지 않고 올라온다.

그 가운데 다크 비어에 재운 영계를 토마토와 함께 요리한 치킨 스튜는 으뜸이다. 다양한 허브와 토마토, 올리브 오일, 맥주로 닭 비린내를 없앤 후 닭고기 고유의 풍미와 맛을 잘 살려 끓여내면 된다. 치킨 요리에 살짝 질렸을 때 한 번쯤 도전해 볼 만한다.

기름에 튀기지 않고 양념이 자극적이지도 않아 깔끔하고 담백하게 즐길 수 있는 치킨 스튜를 옥토버페스트, 페일 라거, 쾰시, 둔켈 바이젠, 필스너 등의 맥주스타일과 함께 페어링 해보면 어떨까?

제품명 가펠 쾰시 Gaffel Kolsch ✦
생산지 독일　**스타일** 쾰시　**전용 잔** 실린더 글라스
추천 온도 9~10℃　**알코올 도수** 4.8%　**발효 방식** 상면발효
추천 요리 치킨, 과일, 감자 요리, 야채
리뷰 과일 향과 꽃향기가 은은하게 올라오는 상쾌한 아로마
와 부드러운 목 넘김, 옅은 홉의 쌉쌀함과 달콤한 피니시를
갖는다. 투명한 황금빛 보디의 하얗고 풍성한 헤드가 눈을
사로잡는다.

제품명 바이엔슈테판 헤페 바이스비어 둔켈 Weihenstephaner
Hefe Weissbier Dunkel
생산지 독일　**스타일** 둔켈 바이젠　**전용 잔** 바이젠 글라스
추천 온도 7~9℃　**알코올 도수** 5.3%　**발효 방식** 상면발효
추천 요리 치킨, 샐러드, 연어, 애피타이저
리뷰 풍성한 밀 맛과 달콤한 캐러멜 향의 밸런스가 조화로
운 독일 정통 흑맥주다. 밀도 높은 보디감과 부드러운 와인
같은 특유의 끝 맛이 깊은 여운을 남긴다.

큼직한 닭고기와 갖은 야채를 함께
끓여낸 후 그 위에 살짝 허브를 뿌렸다.
튀긴 닭 요리가 조금은 식상할 때
치킨 스튜에 도전해 보자.

제품명 무스헤드 라거Moosehead Lager

생산지 캐나다   **스타일** 페일 라거   **전용 잔** 파인트 글라스

추천 온도 4~6℃   **알코올 도수** 5.0%   **발효 방식** 하면발효

추천 요리 치킨, 바비큐, 파스타

리뷰 연한 곡물 향이 나는 밝은 금색의 투명한 보디에 탄산이 강한 버블 헤드가 형성된다. 라이트한 보디에 강한 탄산감으로 차게 마시면 더욱 청량감이 나는 여름에 제격인 맥주다.

제품명 에페스 몰트EFES Malt

생산지 터키   **스타일** 페일 라거   **전용 잔** 필스너 글라스

추천 온도 4~6℃   **알코올 도수** 5.0%   **발효 방식** 하면발효

추천 요리 치킨, 바비큐, 케밥, 빵

리뷰 풍부한 맥아의 맛과 은은한 홉 향이 풍성하고 고운 구름 같은 헤드를 만들며, 부드러우면서 상쾌하고 깔끔한 느낌의 피니시를 갖는다. 기분 좋은 잔향과 크리미한 입안의 감촉으로 깊은 여운을 느낄 수도 있다. 몰트, 과일, 캐러멜 향이 나며, 연한 단맛으로 시작하여 홉의 쌉쌀함으로 피니시되는 부드러운 느낌의 올몰트 라거다.

check!

가펠 쾰시 Gaffel Kolsch
쾰른 대성당, 라인강과 함께 쾰른을 상징하는 또 하나의 이름인 쾰시Kölsch는 오직 독일 쾰른 지역에서만 생산되는 매우 특별한 맥주로 에일 효모를 이용해 상면발효시키지만 라거처럼 저온에서 장기간 숙성시키기 때문에 일반적인 에일 맥주보다 깨끗하고 깔끔한 풍미와 보디감을 가진다. 황금빛 컬러로 심미적인 만족감까지 충족시켜주는 균형이 잘 잡힌 맥주다.

6. 나의 무한탐식을 채워줄
통삼겹 오븐구이
Roast Pork Belly

통삼겹 오븐구이는 가정에서도 어렵지 않게 해 먹을 수 있고, 외식으로도 쉽게 먹을 수 있는 대중적인 요리다. 와인에 재워 돼지의 잡내를 없앤 뒤 오븐에 구워 기름을 쫙 빼 느끼하지 않고 담백하다.

페일 에일, IPA, 필스너, 다크 에일, 비터*, 알트비어, 바이젠 복, 헬레스 라거 등 다양한 맥주와 훌륭한 페어링을 이룬나.

부드럽고 담백한 통삼겹을
소스에 찍어 구운 마늘과 함께 한 쌈!

통삼겹 오븐구이와 가장 어울리는 맥주는?

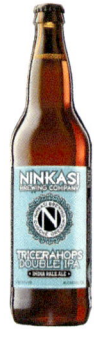

제품명 트라이세라홉스 더블 IPA Tricerahops Double IPA

생산지 미국 **스타일** 더블 / 임페리얼 IPA **전용 잔** 파인트 글라스

추천 온도 9~13℃ **알코올 도수** 8.0% **발효 방식** 상면발효

추천 요리 돼지고기, 생선회, 버팔로 윙

리뷰 미국 오레곤주 닌카시 브루어리의 더블 IPA로 임페리얼 IPA라고 불리기도 한다. 기존 IPA에 비해 두 배의 홉과 알코올 함량이 8.0%이지만 쓴맛보다 오히려 부드러움이 잘 조화되는 리치한 풀 보디의 맥주다.

제품명 민타임 런던 페일 에일 Meantime London Pale Ale

생산지 영국 **스타일** 페일 에일 **전용 잔** 에일 글라스

추천 온도 9~13℃ **알코올 도수** 4.3% **발효 방식** 상면발효

추천 요리 돼지고기, 치즈, 샐러드, 스테이크

리뷰 150여 년 전 런던 양조장들이 캘리포니아 홉을 수입해서 만들던 전통을 살리기 위해 아메리칸 캐스케이드 홉과 센테니얼 홉, 영국산 켄트골딩 홉을 블렌딩하여 만들어졌다. 시트러스, 허브의 아로마와 쓴맛이 잘 어울리는 풍미 있는 맥주다.

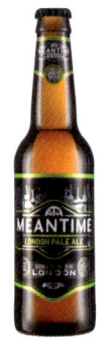

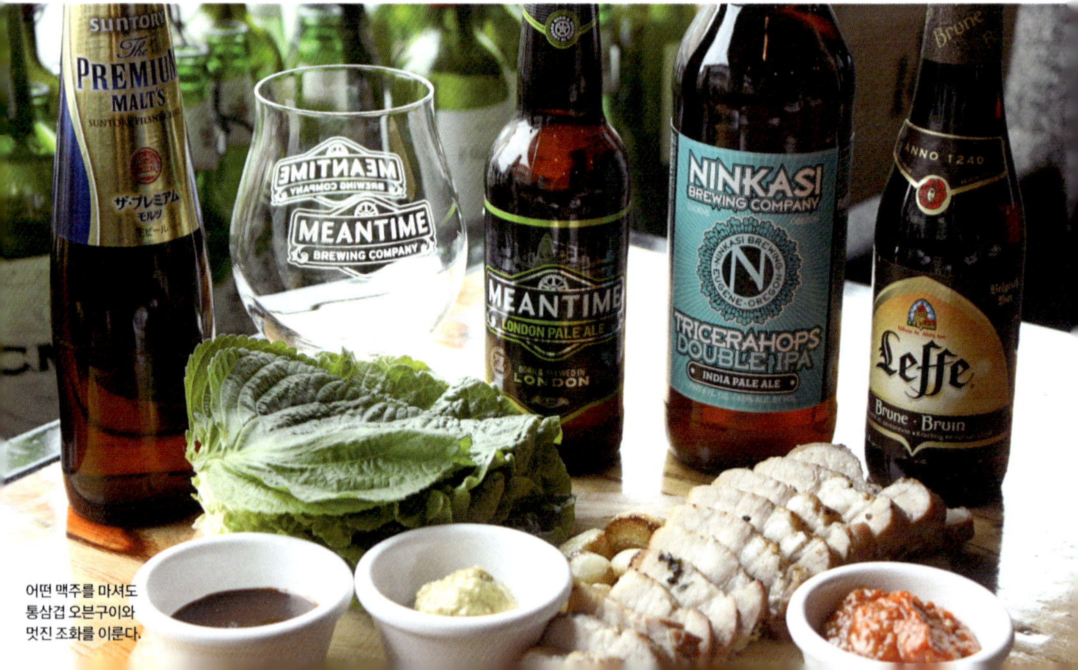

어떤 맥주를 마셔도 통삼겹 오븐구이와 멋진 조화를 이룬다.

통삼겹 오븐구이와 가장 어울리는 맥주는?

제품명 산토리 프리미엄 몰츠 Suntory The Premium Malt's
생산지 일본 **스타일** 필스너 **전용 잔** 튤립 글라스
추천 온도 6~9℃ **알코올 도수** 5.5% **발효 방식** 하면발효
추천 요리 치킨 요리, 애피타이저, 연어, 육류
리뷰 선명한 금색 보디에 하얀 풍성한 헤드가 생기는 몰트 향이 그윽한 일본에서 인기가 많은 필스너 맥주다. 몰트, 밀, 홉의 향과 미세한 단맛이 조화되는 미디엄 보디의 깨끗하고 적당한 탄산이 조화를 이룬다.

제품명 레페 브라운 Leffe Brown
생산지 벨기에 **스타일** 다크 에일 **전용 잔** 에일 글라스
추천 온도 13~16℃ **알코올 도수** 6.5% **발효 방식** 상면발효
추천 요리 살라미, 치즈, 돼지고기
리뷰 통호밀, 볶은 몰트, 캐러멜, 커피 향의 조합이 강하게 나며, 홉의 쓴맛이라기보다는 커피 같은 마무리로 단내가 나지만 단맛이 나지는 않는다. 풀 보디의 풍성하고 깊은 향과 맛, 그리고 멋진 레이싱이 남는 맥주다.

check!

비터 Bitter
영국에서는 페일 에일과 같은 의미로 쓰이며, 황금빛 색깔에서 진한 갈색을 띠기도 한다. 대부분 탄산 함량이 낮으며 홉의 쓴맛이 다소 강한 맥주스타일이다. 대표적인 맥주는 뉴캐슬 서머 에일, 빅토리아 비터 등이 있다. ESB Extra Special Bitter는 홉과 알코올 함량이 훨씬 더 강한 맥주스타일이다.

그릴드 소시지 Grilled Sausage

　치킨도 좋고, 피자도 좋고, 버거도 좋지만 소시지를 빼놓고 비어–푸드 페어링을 이야기할 순 없다. 깊게 칼집을 넣어 그릴에 구운 두꺼운 보크부르스트Bockwurst나 쇠고기 소시지인 린드부르스트Rindwurst, 케첩과 카레가루를 구운 소시지에 발라서 먹는 커리부르스트Currywurst, 뮌헨의 달콤한 겨자를 발라 먹는 바이스부르스트Weisswurst, 뉘른베르크의 새끼손가락 크기의 뉘른버거부르스트Nurnberger-wurst 등 그 종류 또한 다양하여 골라 먹는 재미도 있다. 물론 국내에서 어렵지 않게 구할 수 있는 것들이다

　맛있는 소시지를 어떤 맥주와 마신들 맛있지 않은 것이 있을까마는 브라운 에일, 포터, 둔켈 바이젠, 옥토버페스트, 둔켈 라거 스타일 등의 맥주와 페어링 하여 소시지와 맥주의 참맛을 느껴 보자.

노릇노릇 그릴에 구운
길쭉한 소시지를 먹기 좋게
잘라 입속으로 쏙!
물론 맥주가 빠질 수 없다.

그릴드 소시지와 가장 어울리는 맥주는?

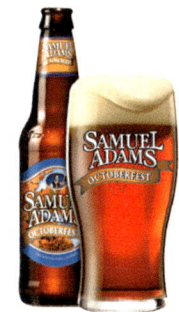

제품명 사무엘 아담스 옥토버페스트 Samuel Adams Octerberfest
생산지 미국 　**스타일** 옥토버페스트 　**전용 잔** 머그
추천 온도 7~9℃ 　**알코올 도수** 5.3% 　**발효 방식** 하면발효
추천 요리 치킨, 소시지 요리, 바비큐, 매운 음식
리뷰 보스턴 비어 컴퍼니의 대표 제품 중 하나로 멋진 구릿빛 보디에 갈색 헤드가 잘 유지되며, 멋진 레이싱을 남기는 맥주다. 볶은 몰트, 캐러멜, 허브 향이 조화되며 홉의 미세한 쓴맛과 연한 단맛의 피니시를 갖는다. 선선한 가을 혹은 겨울에 어울리는 시즈널 맥주다.

제품명 벡스 다크 Beck's Dark
생산지 독일 　**스타일** 둔켈 라거 　**전용 잔** 파인트 글라스
추천 온도 6~9℃ 　**알코올 도수** 5.0% 　**발효 방식** 하면발효
추천 요리 소시지, 퀘사디야, 피자, 파스타
리뷰 미국 필라델피아 국제 대회에서 '최고의 대륙맥주상', 독일 프레드릭 3세가 수여한 금메달을 수상한 독일 북서부 브레멘에서 시작된 맥주다. 마호가니색 보디에 몰트의 약한 달콤함, 볶은 곡물, 약간의 캐러멜 맛이 나타난다. 홉에서 나오는 허브와 풀 맛이 우러나오는, 쓴맛이 강하지 않은 깔끔한 맥주다.

소시지는 모양도 맛도 다양해 먹는 재미를 더해준다.

제품명 브룩클린 브라운 에일Brooklyn Brown Ale

생산지 미국　**스타일** 브라운 에일　**전용 잔** 파인트 글라스

추천 온도 9~13℃　**알코올 도수** 5.6%　**발효 방식** 상면발효

추천 요리 햄버거, 양고기, 로스트 비프, 소시지, 매운 음식

리뷰 미국 뉴욕에서 양조된 미국스타일의 브라운 에일로, 영국식 브라운 에일보다 다소 알코올 도수가 높다. 진한 갈색 보디에 적당한 높이의 짙은 베이지색 헤드와 멋진 레이싱이 남는 맥주다. 몰트, 초콜릿, 커피, 빵의 향이 미세하게 교차되는 데, 크리미하고 부드러운 입맛에 커피, 몰트, 캐러멜, 홉의 연한 쓴맛이 잘 조화된다.

제품명 호프브로이 옥토버페스트Hofbrau Oktoberfest

생산지 독일　**스타일** 옥토버페스트　**전용 잔** 머그

추천 온도 9~13℃　**알코올 도수** 6.3%　**발효 방식** 하면발효

추천 요리 치킨, 소시지, 햄류, 매운 음식

리뷰 호프브로이는 16세기에 설립되어 현재는 독일 바이에른 주정부에 의해 운영되는 맥주회사이며, 옥토버페스트 제품은 가을 축제를 위해 봄에 양조된다. 황금빛 색깔에 흰색 크리미 헤드와 빵, 곡물, 몰트 향과 더불어 미세한 단맛이 있으며 강한 과일 향이 난다. 적당한 탄산으로 목 넘김이 부드러운 미디엄 보디의 맥주다.

check!

보스턴 비어 컴퍼니 Boston Beer Company

30여 년의 짧은 양조역사를 가졌지만, 사무엘 아담스 맥주 시리즈로 유명한 미국의 브루어리다. 미국 크래프트 비어 시장을 이끌고 있는 선두 주자로, 설립한 지 30년 만에 연간 순이익만 1조 원을 넘긴 성공한 맥주 브루어리 기업이다. 잘나가던 컨설팅 회사를 박차고 나와 6대의 가업을 이어 맥주 사업에 뛰어든 짐 코흐의 보스턴 비어는 규모로 보면 더 이상 크래프트 비어 브루어리라고 볼 수 없지만, 아직도 미국 크래프트의 선두자리를 지키고 있다.

8. 매콤하고 바삭하게 토닭토닭해
양념 치킨 Seasoned Spicy Chicken

바삭하게 튀겨진 프라이드 치킨이나 매콤달콤한 양념 치킨을 먹는데 맥주 생각이 나지 않을 사람이 몇 명이나 있을까? 치맥의 자리가 피맥에게 위협 당하고, 칼로리 때문에 늘 여론의 뭇매를 맞고 있지만, 그래도 아직 치맥의 왕좌는 건재하다!

기름에 튀겨 매콤한 양념 옷을 입은 양념 치킨의 매운맛을 날래줄 라거 계열의 차가운 맥주도 좋고, IPA, 비터, 레드 에일, 에비 트리펠, 필스너, 옥토버페스트 등과도 잘 어울린다.

바삭 튀긴 치킨을 매콤한 양념에
버무린 비어 푸드 페어링의 절대 강자,
양념 치킨

양념 치킨과 가장 어울리는 맥주는?

제품명 민타임 런던 라거 MEANTIME London Lager

생산지 영국   **스타일** 페일 라거   **전용 잔** 파인트 글라스

추천 온도 4~7℃   **알코올 도수** 4.5%   **발효 방식** 하면발효

추천 요리 햄, 훈제 요리, 치즈, 기름진 요리, 육류

리뷰 영국 라거의 진수를 보여주기 위해 유명한 브루마스터 알라스테어 훅이 20년간 노력을 기울여 탄생한 최상급 라거다. 몰트와 홉의 어우러진 맛을 내기 위해 연수와 쥬트럴 효모로 만들었다. 깔끔하고 오래 숙성된, 저온살균을 하지 않아 홉의 풍미가 자연스럽게 살아나는 프리미엄 라거다.

제품명 벡스 Beck's

생산지 독일   **스타일** 페일 라거   **전용 잔** 라거 머그

추천 온도 4~7℃   **알코올 도수** 5.0%   **발효 방식** 하면발효

추천 요리 요리 없이 추천, 치킨 요리, 바비큐, 파스타

리뷰 맥주순수령에 따라 보리, 물, 홉, 효모만을 재료로 하여 정통 양조 기술로 제조된 정통 독일식 프리미엄 라거 맥주다. 쌉싸름한 홉의 아로마가 풍성하게 느껴지는 라이트 미디엄 보디의 담백하고 깔끔한 맥주다.

제품명 하이네켄 Heineken
생산지 네덜란드　**스타일** 페일 라거
전용 잔 튤립 글라스　**추천 온도** 3~6℃
알코올 도수 5.0%　**발효 방식** 하면발효
추천 요리 치킨 요리, 바비큐, 파스타
리뷰 네덜란드를 대표하는 세계 3대 맥주 중 하나로 꼽히는 하이네켄은 연한 몰트 향과 생홉 향이 조화되며, 쌉쌀한 첫 느낌으로 시작하여 부드럽게 끝난다. 전 세계 페일 라거의 스탠더드라고 해도 과언이 아니다. 특히 하이네켄의 독특하고 공격적인 마케팅은 늘 화재를 불러일으키는데, 언제나 눈길을 사로잡는 슬로건과 TV 등을 통한 영상광고는 물론이고 다양한 스포츠 이벤트 마케팅은 늘 이슈가 된다. 아직 하이네켄을 맛보지 않은 맥주 초심자들에게 페일 라거의 기준을 세워 줄 것이다.

제품명 닌카시 오티스 Ninkasi Oatis
생산지 미국　**스타일** 오트밀 스타우트
전용 잔 파인트 글라스　**추천 온도** 10~15℃
알코올 도수 7.2%　**발효 방식** 상면발효
추천 요리 파스타, 치즈, 쇠고기 요리, 매운 음식
리뷰 미국 오레건주 유진시티에 자리 잡은 닌카시 브루어리의 맑은 공기와 물, 좋은 재료로 만들어낸 오트밀 스타우트 맥주다. 기존의 전통적인 오트밀 스타우트에 비해 알코올 도수가 높으며, 보디감과 홉의 쌉쌀함이 균형 있게 조화된다. 풍부한 맥아의 향과 부드러운 목 넘김이 일품이다.

맥주소담　**193**

맥주 따르기의 정석과 보관법

맥주, 제대로 따라서 마시자!

맥주를 따를 때 보통 거품이 나지 않게 잔을 계속 기울여 따르는데 이는 결코 바람직한 방법
이 아니다. 맥주 거품은 맥주의 탄산가스가 밖으로 새어 나가는 것을 막아 산화 속도를 늦춰
주는 역할을 하는데 거품이 없는 맥주는 그 맛이 떨어질 수밖에 없기 때문이다. 또한 잔에 있
는 맥주를 완전히 비운 후 다음 맥주를 따라야 한다. 컵에 남아있는 맥주는 탄산가스가 이미
빠져있기 때문에 맥주를 더 따르면 신선한 맛이 약해지고 맥주 맛이 죽어버린다. 덧붙여 컵
이 더럽거나 기름이 묻어 있으면 맥주 본연의 거품이 제대로 나지 않으므로 새로운 맥주를
마실 때는 새로 깨끗한 컵을 사용하는 것이 좋다.

맥주 보관하기

병맥주나 캔맥수 모두 멸균처리되어 있기 때문에 평상시에 냉장 보관할 필요는 없다. 하지만 가급적이면 고온에 보관하지 말고 햇볕이 들지 않는 곳에 보관하는 것이 변질을 막을 수 있다. 병맥주와 캔맥주의 유통기한은 보통 1년, 페트병은 6개월 정도가 일반적이며, 보관 과정에서 약간의 침전물이 생길 수 있으나 상하거나 변질된 것은 아니다.

마시다 남은 김빠진 맥주 활용하기

맥주는 여러모로 쓸데가 많다. 마시다 남은 맥주를 요리나 가사일, 미용 등에 다양하게 활용할 수 있다.

- 튀김 반죽을 만들 때 맥주를 약간 넣으면 더 바삭하면서 부드럽게 튀겨진다.
- 생선이나 고기를 맥주에 재워 둔 후에 요리를 하면 고기 잡내나 생선 비린내가 사라진다.
- 행주에 맥주를 적셔 냉장고를 닦으면 냉장고 내부의 불쾌한 음식냄새가 제거된다.
- 가죽 소파에 맥주를 적신 행주를 꼭 짜서 닦아내면 광택이 살아난다.
- 남은 맥주를 물과 희석하여 화분에 주거나 잎을 닦아 주면 잎이 윤기가 난다.
- 오래된 옷을 세탁할 때 헹굼 단계에서 맥주를 조금 섞으면 옷 색깔을 선명하게 해준다.
- 머리를 감을 때 맥주를 살짝 발라둔 후 헹구면 머릿결이 한결 부드러워지고 비듬 예방에도 효과적이다.

바다 향 물씬 풍기는 벨기에 스타일 _ **홍합 스튜**Mussel Stew

식탁 위에 올라온 지중해 내음 _ **해산물 리조또**Seafood Risotto

매콤 새콤 쫄깃 호로록 호로록 _ **골뱅이 소면**Whelk Noodle

담백한 국물에 푸짐한 해산물이 풍덩 _ **태국식 해산물 수키**Seafood Suki

어디 한번 매운맛 좀 볼까 _ **매운 해산물 볶음**Stir-fried Spicy Seafood

북유럽 스타일의 상큼한 애피타이저 _ **연어 그라브락스**Salmon Gravlax

카레는 게 편, 매콤함 속에 고소함이 가득 _ **카레 게 튀김**Fried Curry Crab

아시아 각국의 개성이 살아있는 _ **오리엔탈 해물 볶음면**Stir-fried Seafood Noodle

02

바다에 그만 빠져버릴 것 같아

생선 · 해산물로 만든 요리

홍합 스튜 Mussel Stew

조개류는 피로 회복과 숙취 해소에 도움을 주는 '타우린'이 풍부해 맥주와 함께하기에 제격이다. 특히 홍합 요리는 맥주와 환상의 궁합을 이루는 요리로 손꼽힌다. 신선한 홍합에 고추와 마늘, 양파, 그리고 와인과 매콤한 토마토소스를 넣어 깔끔하게 조리한 벨기에 스타일의 홍합 스튜는 물론이고, 파스타에도 빼놓을 수 없는 게 바로 홍합이다.

스타우트 스타일의 맥주를 비롯하여 매콤한 맛과 잘 어울리는 IPA, 영국식 다크 에일, 벨기에의 에비 에일과 헤페 바이젠 등 여러 가지 스타일의 맥주들과 멋진 페어링을 이룬다.

제품명 민타임 IPA Meantime IPA +

생산지 영국　**스타일** IPA　**전용 잔** 고블릿 글라스

추천 온도 13℃　**알코올 도수** 7.4%　**발효 방식** 상면발효

추천 요리 홍합 요리, 랍스터, 치즈, 매운 요리, 카레

리뷰 영국 런던의 크래프트 비어 시장을 이끌고 있는 민타임 IPA. 짙은 금빛 호박색 보디에 하얀 헤드가 가득 형성된다. 헤드는 오래토록 유지되며 선명한 레이싱이 남는다. 시트러스한 과일 향과 캐러멜, 홉, 꽃 향이 어우러지며, 적절한 홉의 쓴맛과 연한 단맛이 조화된다. 미디엄 보디의 적당한 탄산감이 있는 정통 영국 IPA 맥주다.

제품명 휘슬러 + 블랙 터스크 에일 Whistler Black Tusk Ale

생산지 캐나다　**스타일** 다크 마일드 에일　**전용 잔** 파인트 글라스

추천 온도 7~10℃　**알코올 도수** 5.0%　**발효 방식** 상면발효

추천 요리 조개류, 굴, 치즈, 훈제고기, 초콜릿

리뷰 캐나다 브리티시 컬럼비아주의 맑은 물과 철저한 품질 관리로 만들어진, 짙은 갈색 보디에 베이지색 헤드가 풍부하게 형성되는 헤드 지속력이 좋은 부드러운 맥주다. 볶은 몰트와 초콜릿, 커피 향이 은은하게 나며, 깔끔하고 쌉쌀한 뒷맛이 인상적이다. 초콜릿과 볶은 맥아를 사용하여 만든 크리미한 입감이 매력적인 미디엄 보디의 영국식 다크 마일드 에일이다.

그릇에 넘칠 만큼 가득 담겨
나오는 신선한 홍합 스튜,
홍합은 맥주를 마실 때도
마신 후에도 즐길 수 있는
최고의 해산물 요리다.

제품명 브뤼흐스 조트 Brugse Zot

생산지 벨기에   **스타일** 페일 에일   **전용 잔** 고블릿 글라스

추천 온도 9~10℃   **알코올 도수** 6.0%   **발효 방식** 상면발효

추천 요리 홍합 요리, 빵, 치즈

리뷰 '브뤼헤의 바보(광대)'라는 의미의 벨기에 페일 에일로, 2005년부터 생산되어 2006, 2008년에 World Beer Cup에서 금상을 수상한 맥주다. 4종의 몰트와 2종의 홉을 블렌딩하여 오묘한 향과 맛을 즐길 수 있는 프리미엄 벨기에 페일 에일이다.

제품명 쿠퍼스 베스트 엑스트라 스타우트 Coopers Best Extra Stout

생산지 호주   **스타일** 스타우트   **전용 잔** 텀블러

추천 온도 10~13℃   **알코올 도수** 6.3%   **발효 방식** 상면발효

추천 요리 조개류, 굴, 랍스터, 빵, 치즈

리뷰 호주를 대표하는 브루어리 중 하나인 1862년에 토마스 쿠퍼가 설립한 쿠퍼스 브루어리에서 만들어진다. 진한 흑갈색 보디에 가득 찬 헤드가 지속되며 적절한 레이싱이 남는 묵직한 느낌의 엑스트라 스타우트 맥주다. 볶은 몰트, 커피, 과일, 캐러멜 향이 조화되며, 부드럽고 크리미한 입감에 다소 높은 탄산의 풀 보디 스타우트 맥주다.

check!

IPA India Pale Ale

런던의 보우 브루어리에서 만들어진 IPA는 18세기 후반 인도에 주둔하고 있던 영국 군대를 위해 만든 맥주다. 오랜 항해 기간으로 인한 맥주의 변질을 막기 위해 홉의 함량을 늘리고 알코올 도수를 높인 맥주로, 높은 알코올 함량과 홉의 사용량 때문에 강한 향과 쓴맛이 특징이다. 맥주 소비자들에게는 호불호가 명확하게 갈린다. IPA는 강한 향과 맛 때문에 어떤 음식과 페어링되어도 맥주가 가진 본연의 맛과 향을 유지할 수 있다. 맵고 자극적인 음식과 함께해도 좋고, 열대 과일과 함께 마시면 그 깊은 향과 맛을 더욱 잘 느낄 수 있다. 대표적인 IPA 맥주로는 인디카 IPA, 스컬핀 IPA, 민타임 IPA 등이 있다.

휘슬러 브루어리 Whistler Brewing Company

1989년에 설립된 휘슬러 브루어리는 캐나다 브리티시 컬럼비아(B.C)주의 크래프트 양조 운동이 시작된 곳이다. B.C주 소유의 양조장으로, 타 지역의 위탁 생산 없이 100% B.C 주에서만 생산되고 있다. 장인 정신과 실험 정신으로 빚는 수제 크래프트 맥주로, 휘슬러 맥주의 맛과 개성을 잃어버리지 않고 잘 유지하고 있는 캐나다의 대표적인 맥주 양조장이다.

2. 식탁 위에 올라온 지중해 내음
해산물 리조또 Seafood Risotto

　리조또는 쌀을 고기, 해산물, 채소 등의 다양한 재료와 함께 조리하는 지
중해 지역의 대표적인 요리 중 하나다. 이태리의 피자와 파스타만큼이나 세
계적으로 사랑받는 요리이며, 다양한 재료로 만들 수 있어 채식주의자에서
부터 고기, 해산물을 좋아하는 이들까지 누구나 즐겨 먹는다.

　상큼한 바다 향과 깔끔한 맛의 해산물 리조또는 헤페 마이겐, 페일 에일
스타일은 물론, 벨기에 에비 에일⁺, 라우흐비어, 헬레스 라거 등의 맥주와도
잘 어울린다.

**시원하고 상큼한 지중해 바다를
느낄 수 있는 해산물 리조또를
강력한 몰트 향의 에비 에일과
페어링 해보자.**

다양한 해산물을 주식인
쌀과 함께 조리한 리조또는
한국인의 입맛에 더없이 알맞다.

해산물 리조또와 가장 어울리는 맥주는?

제품명 스트라프 헨드릭 쿼드루펠 Straffe Hendrik Quadrupel 11°

생산지 벨기에　**스타일** 쿼드루펠　**전용 잔** 고블릿 글라스

추천 온도 9～13℃　**알코올 도수** 9.0%　**발효 방식** 상면발효

추천 요리 견과류, 빵, 치즈, 해산물

리뷰 벨기에 에비 에일의 하나인 쿼드루펠 스타일의 맛과 향, 알코올 도수가
강화된 에빌 에일 버전이다. 진한 붉은 갈색 보디에 브라운 헤드가 풍성하게
올라오며 오래 지속된다. 강렬한 몰트 향과 꿀, 과일 향이 조화로우며, 캐러
멜 맛과 입안의 알코올 느낌이 묵직한 풀 보디의 쿼드루펠 벨기에 에일이다.

제품명 위드머 브라더스 헤페 Widmer Brothers Hefe

생산지 미국　**스타일** 헤페 바이젠　**전용 잔** 파인트 글라스

추천 온도 9～10℃　**알코올 도수** 4.9%　**발효 방식** 상면발효

추천 요리 해산물, 샐러드, 애피타이저, 훈제연어

리뷰 미국의 아름다운 산과 맑은 물로 유명한 오레곤주 포틀랜드에 위치한
크래프트 브루어리 위드머 브라더스의 시초가 된 제품으로, 시트러스한 아
로마와 홉의 조화가 오묘한 아메리칸 헤페 바이젠으로, 레몬 한 조각과 함께
하면 풍미가 더해진다.

제품명 슈렝케를라 라우흐비어 바이젠Schlenkerla Rauchbier Weizen

생산지 독일   **스타일** 라우흐비어   **전용 잔** 파인트 글라스

추천 온도 10~15℃   **알코올 도수** 5.2%   **발효 방식** 상면발효

추천 요리 해산물, 훈제고기류, 치즈, 파스타

리뷰 슈렝케를라는 '비틀대며 걷는 모양'을 표현한 의태어로 양조장의 주인이 다리에 장애가 있었다는 뒷이야기가 전해온다. 깊고 진한 풀 보디의 라우흐비어의 진수를 맛볼 수 있는 독특한 경험을 남겨줄 맥주다.

제품명 위드머 브라더스 알케미 에일Widmer Brothers Alchemy Ale

생산지 미국   **스타일** 페일 에일   **전용 잔** 파인트 글라스

추천 온도 9~13℃   **알코올 도수** 5.8%   **발효 방식** 상면발효

추천 요리 스테이크, 피자, 햄버거, 리조또

리뷰 위드머 브라더스 양조장의 맥주 양조 장인들이 직접 선택하여 블랜딩한 알케미 홉의 이름을 걸고 만든 에일 맥주다. 한층 업그레이드된 아메리칸 페일 에일의 진수를 맛볼 수 있다.

check!

에비 에일Abbey Ale

'수도원'이란 뜻의 에비는 벨기에에서 전통 제조 방식으로 수도원의 허가를 받아 만드는 맥주다. 대표적인 맥주는 레페 블론드, 레페 브라운, 플로레페 트리펠 등이 있다. 특히 레페 블론드나 레페 브라운은 수입 유통사의 노력으로 다른 에비 맥주에 비해 훨씬 저렴한 가격으로 유통되어 국내 에비 애호가들로부터 많은 사랑을 받고 있다.

쿼드루펠Quadrupel(Quad)

벨기에 트라피스트 앙그오 강의 양조법을 사용하는 에비 에일의 하나로 쓴맛은 낮으며, 알코올의 느낌이 입안에 도는 묵직한 풀 보디의 벨기에 맥주스타일이다. 더 짙은 보디색에 더 강한 향과 알코올 함량을 가지고 있으며, 풍부한 몰트 향과 캐러멜 맛과 향이 조화를 이룬다. 트라피스트Trappist는 프랑스 가톨릭 수도회 트라피스트 수도원에서 생산되는 맥주로, 바티칸의 승인을 받은 공식 수도원 맥주다. 대표적인 맥주는 로슈포르 8, 쉬메이 블루, 오르발 트라피스트 에일 등이 있다.

골뱅이 소면 Whelk Noodle

　치킨과 함께 오랫동안 우리들의 맥주 요리로 사랑받아온 골뱅이 소면. 새
콤하고 달콤하면서도 알싸한 매콤한 맛 때문에 여성들이 특히 좋아하는 요
리다. 야들야들한 골뱅이에 아삭한 야채와 탱탱한 소면을 곁들여 먹으면 자
신도 모르게 자취를 감춰버린(?) 골뱅이 소면과 비어있는 맥주잔을 발견하
게 된다.

　맛과 향이 강한 IPA, 다크 라거, 엠버 라거, 엑스포트 라거 등과 좋은 페어
링을 이룬다.

탱탱한 골뱅이,
신선하고 아삭한 야채,
하얗고 쫄깃한 소면,
맥주가 어찌 빠질 수 있을까

골뱅이 소면과 가장 어울리는 맥주는?

제품명 롱 해머 IPA Long Hammer IPA

생산지 미국   **스타일** IPA   **전용 잔** 파인트 글라스

추천 온도 9~12℃   **알코올 도수** 6.2%   **발효 방식** 상면발효

추천 요리 치킨, 해산물, 매운 음식

리뷰 발효 진행 중에, 그리고 발효 마지막 두 공정에서 충분한 홉을 첨가하는 드라이 홉핑 공법을 사용하여 만든다. 홉 본연의 쌉쌀한 맛과 호피한 아로마를 충분히 살려낸 미디엄 보디의 맥주로, 적당한 알코올 함량으로 향과 맛이 잘 어우러지는 IPA 맥주다.

제품명 에페스 다크EFES Dark

생산지 터키   **스타일** 다크 라거   **전용 잔** 고블릿 글라스

추천 온도 7~9℃   **알코올 도수** 6.1%   **발효 방식** 하면발효

추천 요리 훈제햄, 파스타, 양고기, 매운 음식

리뷰 오래 구운 맥아의 은은하고 풍부한 향과 캐러멜 톤의 진한 색상을 가진다. 홉 특유의 쌉쌀함과 크리미한 거품을 맛볼 수 있으며, 마지막에 느껴지는 잔잔한 커피 향과 달콤한 아로마가 깊고 부드러운 맛을 한층 더 배가 시켜준다.

제품명 허니 브라운 라거 Honey Brown Lager
생산지 미국   **스타일** 엠버 라거   **전용 잔** 라거 머그
추천 온도 5~7℃   **알코올 도수** 4.5%   **발효 방식** 하면발효
추천 요리 치킨 요리, 바비큐, 파스타, 동양 요리
리뷰 투명한 진한 금색에 하얗고 두꺼운 헤드가 지속되며, 미세한 오렌지 향과 곡물 향이 나는 라이트 보디의 부드러운 맥주다. 부드럽게 청량감을 느끼며 마시기에 알맞다.

제품명 XXXX 엑스포트 라거 XXXX Export Lager
생산지 호주   **스타일** 엑스포트 라거＊   **전용 잔** 파인트 글라스
추천 온도 5~7℃   **알코올 도수** 4.4%   **발효 방식** 하면발효
추천 요리 치킨 요리, 바비큐, 파스타, 매운 음식
리뷰 호주의 대표적인 라거 맥주 중 하나로, 투명한 금색 보디에 하얀 헤드가 풍성하다. 홉의 향과 쌉쌀한 맛이 잘 조화되는 미디엄 라이트 보디의 깔끔한 청량감이 있는 맥주다.

check!

엑스포트 라거 Export Lager
도르트 Dort라고 불리기도 한다. 필스너 맥주보다 향과 풍미가 강하며 단맛이 나고 상대적으로 쓴맛은 약하다. 대표적인 맥주로는 답 도르트문더 엑스포트 라거, 도르트문더 크로넨, 5.0 오리지널 엑스포트 라거 등이 있다.

4. 담백한 국물에 푸짐한 해산물이 풍덩

태국식 해산물 수키 ^{Seafood Suki}

해산물 수키는 태국을 대표하는 대중적인 요리 중 하나로 신선한 해산물을 야채, 면과 함께 육수에 데쳐 먹는 해산물 샤부샤부다. 수키는 콜레스테롤과 칼로리가 낮아 여성들의 다이어트에 으뜸이다.

담백하고 순한 필스너 등의 라거 계열 맥주나 헤페 바이젠 같은 밀 맥주와 잘 어울린다. 뜨거운 육수와 차가운 백주의 조합으로 더욱 청량감 있게 백주를 즐길 수 있다.

푸짐하다는 말로는 부족하다.
갖가지 해산물로 우려낸
담백한 국물의 수키 요리

제품명 마이셀 바이스 오리지날Maisel's Weisse Original
생산지 독일　**스타일** 헤페 바이젠　**전용 잔** 바이젠 글라스
추천 온도 9~10℃　**알코올 도수** 5.2%　**발효 방식** 상면발효
추천 요리 소시지 요리, 바비큐, 해산물
리뷰 탁한 오렌지 호박색 보디에 풍성한 하얀색 헤드가 인상적이며, 멋진 레이싱을 남긴다. 바나나, 밀, 정향, 이스트, 몰트의 향이 조화된다. 허브, 바나나, 이스트의 맛이 부드럽고 풍성한 매력적인 맥주다.

제품명 민타임 필스너MEANTIME Pilsner
생산지 영국　**스타일** 필스너　**전용 잔** 튤립 글라스
추천 온도 7~9℃　**알코올 도수** 4.4%　**발효 방식** 하면발효
추천 요리 햄, 훈제육류, 치즈, 해산물
리뷰 독일산 홉을 사용한 바바리안 스타일의 필스너 맥주로, 장기 저온 숙성 과정을 거쳐 깊고 농익은 향을 느낄 수 있다. 옅은 골든 보디에 솔 향과 스파이시한 향이 잘 조화되며, 깔끔하고 우아한 홉의 쓴맛을 피니시에 느낄 수 있다.

청량감 가득한 맥주와 함께
태국식 샤부샤부를 즐겨보자.
칼로리 걱정은 하지 않아도 돼
전혀 부담 없다.

제품명 버드 아이스Bud Ice

생산지 미국   **스타일** 아이스 비어＊   **전용 잔** 파인트 글라스

추천 온도 4~6℃   **알코올 도수** 5.0%   **발효 방식** 하면발효

추천 요리 훈제연어, 동양 음식, 매운 음식

리뷰 투명하고 연한 금빛 보디의 무더운 여름에 쉽게 마실 수 있는 아이스 비어다. 주조 마지막 과정에 아이스 주조 과정을 거쳐 맑고 선명한 청량감과 부드러운 피니시를 갖는다.

제품명 웨팅어 헤페 바이스비어Oettinger Hefe Weissbier

생산지 독일   **스타일** 헤페 바이젠   **전용 잔** 바이젠 글라스

추천 온도 9~10℃   **알코올 도수** 4.9%   **발효 방식** 상면발효

추천 요리 소시지 요리, 바비큐, 해산물

리뷰 탁한 오렌지 색조의 황금색 보디에 탄산이 강하고, 바나나, 클로브 향이 나는 부드러운 밀 맥주다. 밀 몰트의 맛이 느껴지며 홉의 맛이 나 쓴맛은 강하지 않은 크리미한 거품이 쉽게 가라앉지 않는다. 웨팅어 브루어리는 1731년 설립되어 독일 내에 5개의 양조장을 가지고 있으며 독일 맥주 판매량 1위를 지키고 있다. 롯데마트, 와바 등과 위탁 생산을 체결해 저렴한 가격으로 우수한 품질의 맥주를 국내에 공급하고 있다.

check!

아이스 비어Ice Beer

숙성의 마지막 단계에서 맥주를 영하 3~5℃의 탱크에 3일 정도 더 숙성시켜, 맥주 맛을 거칠게 하는 탄닌과 프로테인 등의 잡미를 내는 성분을 살얼음과 함께 걷어내는 양조법으로 만든 맥주다. 부드러워 부담 없이 마시기에 좋다.

매운 해산물 볶음 Stir-fried Spicy Seafood

한국인들이 가장 선호하는 맛은 매운맛이라고 한다. 이렇다보니 술을 마실 때도 매운맛의 요리를 빼놓기란 쉽지 않다. 맵고 자극적인 음식이 맥주의 향과 맛을 다소 감소시킬 수 있지만, 매콤하면서 쫄깃 담백한 해산물 요리를 먹으면서 맥주 한잔 안할 수도 없는 노릇이다.

매운맛에 맞춰 호피한 IPA나 에비 두벨을 마셔도 좋고, 해산물과 잘 어울리는 옥토버페스트나 헤페 바이젠과 페어링해도 어울린다. 시원한 맥주와 함께 알싸한 매운맛에 빠져보자.

제품명 닌카시 토탈 도미네이션 IPA Ninkasi Total Domination IPA

생산지 미국   **스타일** IPA   **전용 잔** 파인트 글라스

추천 온도 9~12℃   **알코올 도수** 6.7%   **발효 방식** 상면발효

추천 요리 치킨, 해산물, 매운 음식

리뷰 풍부한 몰트의 맛과 산뜻한 시트러스 향과 홉의 아로마가 절묘하게 조화를 이루는 깊은 맛의 임팩트 있는 맥주다. 요리 없이 오묘한 향을 느끼는 것도 좋으며, 맵거나 기름진 음식에도 맛과 향을 느낄 수 있는 맥주다.

제품명 브뤼흐스 조트 두벨 Brugse Zot Dubbel ✚

생산지 벨기에   **스타일** 두벨   **전용 잔** 튤립 글라스

추천 온도 9~13℃   **알코올 도수** 7.5%   **발효 방식** 상면발효

추천 요리 홍합 요리, 빵, 치즈

리뷰 벨기에 수도원의 양조방식으로 주조하는 에비 두벨 스타일 에일로, 구릿빛 보디에 풍성한 하얀 헤드가 지속되며, 열대과일, 캐러멜, 흑설탕, 이스트의 향이 조화롭다. 몰트와 과일의 맛이 입안에서 알코올의 느낌과 적당한 탄산감으로 유쾌한 느낌을 주는 맥주다.

오징어, 홍합, 조개 등을 매콤하게
볶은 맛있게 매운 해산물 볶음,
IPA와 에비 두벨 등과 잘 어울린나.

제품명 위드머 브라더스 업히빌 IPA Widmer Brothers Upheaval IPA

생산지 미국　**스타일** IPA　**전용 잔** 파인트 글라스

추천 온도 9~12℃　**알코올 도수** 7.0%　**발효 방식** 상면발효

추천 요리 치킨, 해산물, 매운 음식, 크림파스타

리뷰 밀 몰트를 사용하여 필터링하지 않은 탁한 보디에 진한 홉의 향과 맛이 조화되는 깊고 진한 맛의 맥주다. 마이크로 브루어리들을 중심으로 실험적인 IPA들이 영국식 IPA에 도전장을 내밀고 있다.

제품명 위드머 브라더스 옥토 페스티벌 에일 Widmer Brothers OKTO Festival Ale

생산지 독일　**스타일** 알트비어　**전용 잔** 파인트 글라스

추천 온도 9~13℃　**알코올 도수** 5.3%　**발효 방식** 상면발효

추천 요리 치킨, 소시지 요리, 바비큐, 매운 음식

리뷰 가을용 시즈널 비어*로 늦가을부터 초겨울에 어울리는 엠버 에일이다. 바바리안 옥토버페스트에서 영감을 얻어 만든 맥주로, 풍부한 몰트 향과 깔끔한 피니시가 인상적이다.

check!

브루어리 더 할브 만 De Halve Maan

벨기에의 브뤼헤에서 1856년에 창업해 6대손인 사비에 반에스트 씨가 현재 가업을 잇고 있는 전통 있는 브루어리다. 최소 50년 이상의 역사를 지닌 가족 경영의 벨기에 브루어리만 회원 자격을 얻을 수 있는 Belgian Family Brewers 소속이기도 하다. 할브 만의 모든 제품은 효모가 살아 있어 병 속에서 2차 발효가 진행된다. 대표 맥주로 브뤼흐스 조트 두벨과 스트라프 헨드릭 등이 있다.

시즈널 비어 Seasonal Beer

연중 내내 생산되는 보통 맥주들과 달리 특정 계절에 소비하기 위해서 특정 시즌에 만들어지는 맥주를 뜻한다. 알트비어Altbier는 독일 뒤셀도르프의 대표 맥주로, 오래된 맥주의 독일어식 표현이다. 라거 맥주가 생산되기 이전의 전통 방식으로 생산되는 갈색 에일로, 대표적인 맥주는 윌리안 브로이 알트 에일, 오리지날 슈리셀 등이 있다.

6. 북유럽 스타일의 상큼한 애피타이저

연어 그라브락스 Salmon Gravlax

　연어 그라브락스는 신선한 연어를 설탕, 소금, 딜(허브)에 절여서 만든 스칸디나비아의 애피타이저다. 얇게 저며 딜과 겨자소스 등과 함께 빵이나 삶은 감자를 곁들여 먹기도 한다. 전통방식은 소금에 절여 해안가에 묻어 발효시켜 만드는 것이나 지금은 소금, 설탕, 허브에 절여 살짝 건조시킨다. 훈제연어와는 또 다른 독특한 맛을 자랑하며 본 요리 진 식욕을 돋워주는 훌륭한 애피타이저다.

　자극적이지 않은 맛에 어느 맥주와 페어링되어도 크게 맥주의 풍미를 저해하지 않는다. 브라운 에일, 둔켈 바이젠, 둔켈 라거, 벨지안 위트, 블론드 에일, 비터, 헤페 바이젠 등의 맥주스타일과 함께 해보기를 추천한다.

신선한 선홍빛깔의 연어와
상큼한 레몬이 식욕을 자극한다.

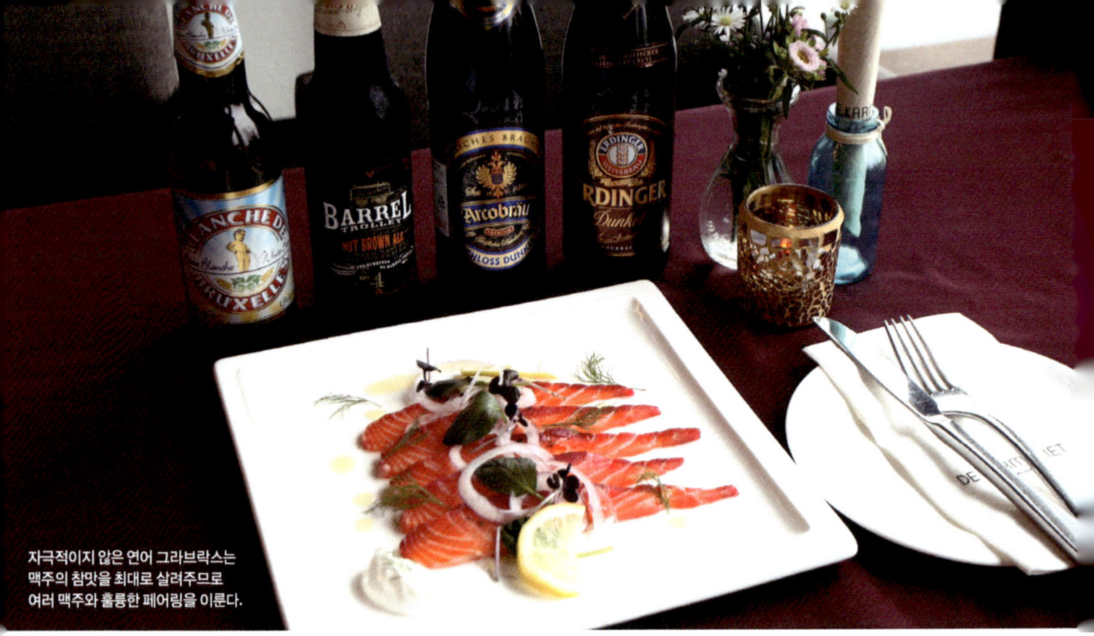

자극적이지 않은 연어 그라브락스는
맥주의 참맛을 최대로 살려주므로
여러 맥주와 훌륭한 페어링을 이룬다.

연어 그라브락스와 가장 어울리는 맥주는?

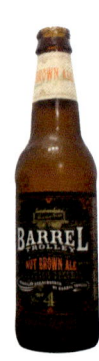

제품명 배럴트롤리 넛 브라운 에일Barrel Trolley Nut Brown Ale
생산지 미국 **스타일** 브라운 에일+ **전용 잔** 튤립 글라스
추천 온도 13~15℃ **알코올 도수** 5.3% **발효 방식** 상면발효
추천 요리 빵, 치즈, 조개류, 연어, 훈제고기
리뷰 배럴트롤리는 20세기 초 미국 금주령 시대, 지하에서 배럴트롤리(오크통 운반차)로 애주가들에게 안전하게 맥주를 공급한 판매업자들을 기념하기 위해 만들어진 맥주다. 헤이즐넛과 캐러멜, 초콜릿, 몰트의 향이 윌라 멧 홉과 어우러져 부드러운 에일 맛을 낸다.

제품명 에딩거 바이스비어 둔켈Erdinger Weissbier Dunkel
생산지 독일 **스타일** 둔켈 바이젠+ **전용 잔** 바이젠 글라스
추천 온도 9~12℃ **알코올 도수** 5.6% **발효 방식** 상면발효
추천 요리 피자, 연어, 퀘사디아, 나쵸
리뷰 다크 몰트를 사용한 밀 맥주로, 밀 맛과 초콜릿의 은은한 향과 맛이 어우러지는 부드러운 맥주다. 볶은 몰트 향과 과일 향, 초콜릿 향이 조화되는 미디엄 보디의 탄산감이 뛰어나다.

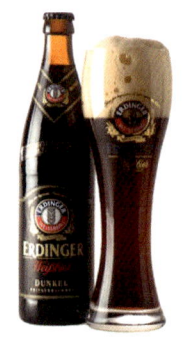

제품명 아르코브로이 프리미엄 슐러스 둔켈Arcobrau Premium Schloss Dunkel
생산지 독일 **스타일** 둔켈 라거 **전용 잔** 튤립 글라스
추천 온도 7~9℃ **알코올 도수** 5.2% **발효 방식** 하면발효
추천 요리 파스타, 피자, 치킨, 훈제 요리
리뷰 투명한 짙은 갈색 보디에 짙게 볶은 몰트의 향, 캐러멜의 단내와 홉의 향긋한 아로마가 잘 어울린다. 500년의 역사와 전통을 자랑하는 아르코브로이는 미네랄 함량이 높은 지하수가 있어, 그 물을 사용해 밀과 보리를 가득 재배해 맥주 만들기에 최적의 위치를 자랑한다.

제품명 브랜치 더 브뤼셀(블랑쉬 드 브뤼셀)Blanche De Bruxelles
생산지 벨기에 **스타일** 위트 비어 **전용 잔** 바이젠 글라스
추천 온도 9~10℃ **알코올 도수** 4.5% **발효 방식** 상면발효
추천 요리 소시지, 훈제 요리, 연어
리뷰 탁한 연한 노란색 보디에 풍성한 탄산기가 있는 헤드와 적당한 레이싱이 아름답다. 이스트, 몰트, 감귤, 바나나, 밀, 생홉의 아로마가 교묘하게 조화되며, 그 향을 입으로도 느낄 수 있다. 부드러운 입감이 인상적이다.

check!

브라운 에일Brown Ale
18세기 영국에서 제조되기 시작했으며 나무를 태워 맥아를 건조시킨 갈색 몰트를 사용하고 홉의 함량을 줄여 홉의 아로마와 쓴맛이 다소 약한 맥주다. 19세기 영국의 노동자들이 즐겨 마셨던 맥주스타일로 그 인기가 시들해졌다가 다시금 인기를 끌고 있다. 대표적인 맥주로는 뉴캐슬 브라운 에일, 다운타운 브라운 에일, 브루클린 브라운 에일 등이 있다.

둔켈 바이젠Dunkel Weizen
헤페 바이젠의 다크 버전이라고 생각하면 된다. 헤페 바이젠은 효모가 필터링되지 않은 밀 맥주를 말하며, 둔켈 바이젠은 밀 맥주에 짙게 볶은 몰트를 함께 사용하여 갈색에서 검은색이 나는 밀 맥주다. 대표적인 맥주는 에딩거 바이스비어 둔켈, 슈무커 헤페 바이젠 둔켈, 아르코브로이 프리미엄 슐로스 둔켈 등이 있다.

카레 게 튀김 Fried Curry Crab

　카레 요리는 닭고기, 쇠고기, 야채 등 다양한 재료를 이용해 어디서나 부담 없이 즐길 수 있다. 기름에 잘 튀겨낸 소프트 쉘 크랩을 코코넛 크림과 카레, 향신료가 어우러지게 조리하면 자극적이지 않으면서 고소하고 부드러운 해산물 요리가 완성된다. 맥주 본연의 맛과 향을 크게 죽이지 않는 훌륭한 비어 푸드 페어링이다.

　에비 트리펠, 헬레스 라거, 페일 라거, IPA, 스타우트 등과 함께 페어링 해보는 것은 어떨까?

부드럽고 고소한 게를
튀겨내 매콤한 카레와
함께 조리하면 향도 식감도
훌륭한 해산물 요리가 된다.

제품명 스트라프 헨드릭 트리펠Straffe Hendrik Bruges Tripel Bier 9°
생산지 벨기에   **스타일** 트리펠   **전용 잔** 고블릿 글라스
추천 온도 9~13℃   **알코올 도수** 9.0%   **발효 방식** 상면발효
추천 요리 견과류, 빵, 치즈, 해산물

리뷰 2008년 Saint Arnoldus 동상 제막식 기념으로 벨기에 브뤼헤 시장의 요청에 의해 한정판으로 개발된 맥주로 에비 스타일로 그 인기가 높아져 레귤러 맥주로 생산하게 되었다. 6가지 몰트의 절묘한 혼합으로 벌꿀과 꽃향기가 느껴지며, 강렬한 몰트 향과 캐러멜 맛이 잘 어우러지는 깊고 풍부한 맛의 맥주다.

제품명 오타크링거 헬레스 라거Ottakringer Helles Lager
생산지 오스트리아   **스타일** 헬레스 라거   **전용 잔** 튤립 글라스
추천 온도 9~10℃   **알코올 도수** 5.2%   **발효 방식** 하면발효
추천 요리 바비큐, 파스타, 치킨, 카레

리뷰 얼핏 보기에는 바이젠 스타일의 맥주일 것 같은 노란색 바탕의 오타크링거는 독일 뮌헨 스타일의 헬레스 라거 맥주다. 튀지 않는 기본에 충실한 홉과 몰트의 아로마가 모든 육류는 물론이고 라이트한 샐러드, 자극적인 매운 요리에까지 두루 널리 어울린다.

제품명 리베스 비어Liebes Bier
생산지 독일   **스타일** 헬레스 라거   **전용 잔** 튤립 글라스
추천 온도 9~10℃   **알코올 도수** 5.5%   **발효 방식** 하면발효
추천 요리 바비큐, 파스타, 치킨, 매운 요리

리뷰 독일 원명은 에로틱 비어Erotik Bier. 매력적인 여성이 병 라벨에 나오지만, 국내 수입단계에서 미풍양속을 저해한다 하여 사랑의 맥주 Liebes Bier로 이름도 바뀌고 병 라벨 디자인도 바뀌어 출시되었다. 2002년 이태리 밀라노 국제주류박람회에서 소개되어 히트를 치며 널리 알려졌다. 재미있는 탄생 비화로 인해 정력 맥주라는 별명이 붙기도 했다.

에로틱 비어의 라벨 디자인

제품명 수퍼 복 그린Super Bock Green

생산지 포르투갈   **스타일** 페일 라거   **전용 잔** 고블릿 글라스

추천 온도 4~6℃   **알코올 도수** 4.5%   **발효 방식** 하면발효

추천 요리 치킨 요리, 동양 요리, 고기류, 면 요리

리뷰 포르투갈 판매 1위의 수퍼 복 시리즈 중 하나인 그린은, 세계 3대 맥주 품평회 가운데 하나인 '프랑스 몬드 셀렉션Monde Selection'에서 금상을 수상한 맥주다. 농축 레몬주스와 레몬 향이 첨가되어 상큼하고 경쾌한 청량감이 있다.

상큼하고 청량감이 뛰어난
슈퍼 복 그린은 카레 게 튀김 요리와
절묘하게 한 쌍을 이룬다.

8. 아시아 각국의 개성이 살아있는
오리엔탈 해물 볶음면
Stir-fried Seafood Noodle

오리엔탈 볶음면은 중국, 일본, 태국, 베트남 등 동양의 여러 나라에서 각각의 전통방식으로 요리되어지는 데, 서양인들에게도 인기 있는 면 요리다. 각종 육류나 해산물에 야채를 넣어 강한 불에 재빨리 볶아내는 것으로, 곁들여지는 숙주의 아삭한 식감을 살려야 육식의 풍미가 깊어진다.

해산물을 주재료로 만든 볶음면은 헤페 바이젠, 위트 비어나 라거 계열의 맥주와 잘 어울리며, 태국이나 일본에서 만든 맥주와 함께 먹으면 오리엔탈의 분위기를 더욱 살려 훌륭한 페어링이 될 수 있다.

이름 그대로 동양 각국의
개성을 맛볼 수 있는 요리다.
각종 해산물과 더불어 아삭한 숙주가
더욱 식감을 돋게 한다.

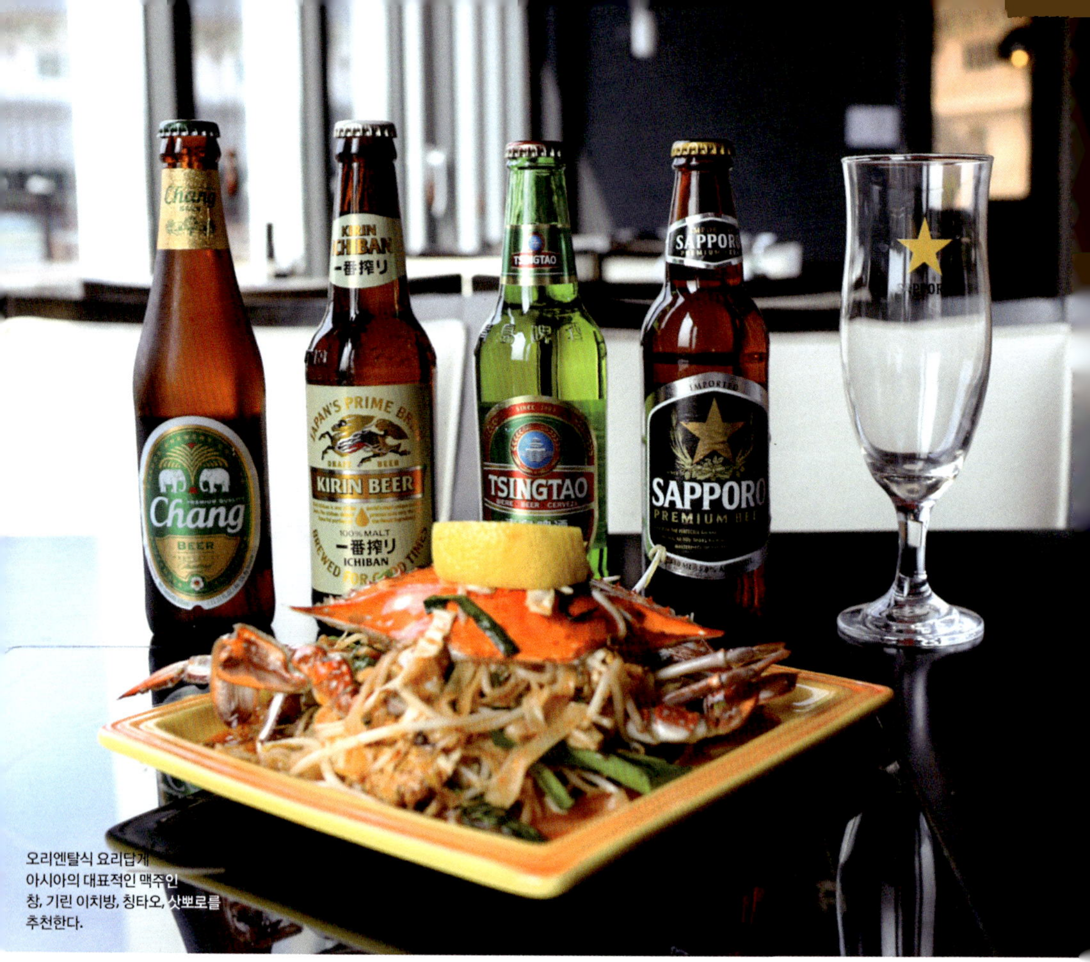

오리엔탈식 요리답게
아시아의 대표적인 맥주인
창, 기린 이치방, 칭타오, 삿뽀로를
추천한다.

오리엔탈 해물 볶음면과 가장 어울리는 맥주는?

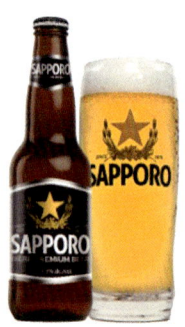

제품명 삿뽀로 프리미엄Sapporo Premium

생산지 일본 **스타일** 라이스 라거 **전용 잔** 튤립 글라스

추천 온도 4~6℃ **알코올 도수** 5.0% **발효 방식** 하면발효

추천 요리 치킨 요리, 애피타이저, 해물 요리

리뷰 황금색 보디에 하얀색 크리미한 헤드가 형성되며, 멋진 레이싱이 남는다. 홉의 아로마와 쌀, 사케 향이 조화되며, 미디엄 보디에 목 넘김과 입감이 부드럽고 고소한 맥주다.

제품명 기린 이치방 Kirin Ichiban

생산지 일본　**스타일** 페일 라거　**전용 잔** 파인트 글라스

추천 온도 7℃　**알코올 도수** 5.0%　**발효 방식** 하면발효

추천 요리 치킨 요리, 바비큐, 면 요리

리뷰 옅은 금빛에 얇은 헤드로 아로마가 강하지 않으며 미세하고 달콤한 과일, 빵, 몰트의 향이 있다. 다소 드라이하며 약한 홉의 쓴맛이 있는 피니시를 가진다. 투명하고 라이트한 보디에 탄소 함량이 다소 높은 맥주다.

제품명 칭타오 Tsingtao

생산지 중국　**스타일** 아메리칸 애드정트 라거　**전용 잔** 파인트 글라스

추천 온도 4~7℃　**알코올 도수** 4.8%　**발효 방식** 하면발효

추천 요리 요리 없이 추천, 훈제연어, 치킨, 양꼬치

리뷰 칭타오는 아시아 최대 맥주 회사로 1903년 독일인들이 청도에 정착하면서 설립되어, 독일의 맥주 제조 기술력과 청도의 맑은 물이 만나 탄생한 맥주다. 아시아 맥주 수출 1위이며, 매년 8월에 '청도 맥주축제'를 개최하여 각지의 관광객들이 청도 지역으로 몰려든다. 현지에서는 비닐봉지에 담아 판매하여 길거리에서 빨대로 마시는 봉지 맥주가 꾸준히 인기를 끌며, 국내에서도 양꼬치 전문점이 늘어나면서 칭타오 맥주의 인기도 함께 올라가고 있다.

제품명 창 Chang

생산지 태국　**스타일** 아메리칸 애드정트 라거　**전용 잔** 파인트 글라스

추천 온도 4~6℃　**알코올 도수** 6.4%　**발효 방식** 하면발효

추천 요리 훈제연어, 바비큐, 동양 요리

리뷰 투명한 연한 금빛에 하얀 헤드가 생기는 태국의 대표 맥주 중 하나다. 몰트, 홉, 단내가 나며, 미세한 옥수수 단맛과 홉의 맛이 어울리는 깔끔한 입맛의 리기 맥주다. 더운 날씨에 어울리는 청량감을 가진다.

오감으로 즐기는 맥주

맥주는 차갑게?!

어느샌가 맥주는 무조건 차게 즐기는 것이 당연해졌다. 그래서 맥주를 아주 차게 보관하고 잔도 냉동 보관해서 사용하기도 한다. 하지만 맥주가 차다고 무조건 좋은 것은 아니다. 우리가 아주 차가운 맥주에 익숙해져 있는 이유 중 하나는, 대기업 맥주회사가 맛과 향, 풍미가 전체적으로 떨어지는 맥주의 맛을 잘 느끼지 못하도록 더 낮은 온도로 마시도록 계속 마케팅을 해왔기 때문이다. 맥주는 제품마다 제조사에서 권장하는 적정 온도가 있긴 하지만 일반적으로 저온 발효과정을 거치는 라거 맥주는 차갑게 4~7℃ 정도, 고온 발효과정을 거치는 에일 맥주는 다소 높은 7~13℃ 정도로 마시는 것이 발효 당시의 향과 풍미를 더욱 살려낼 수 있다. 따라서 라거 맥주는 냉장 보관한 그대로 마시면 좋고, 에일 맥주는 냉장고에서 꺼내 상온에서 10~15분 정도 있다 마시면 좋다.

4℃   13℃

맥주 음미하기

자신이 좋아하는 맥주를 골랐다면, 위에서 설명한 바와 같이 적정온도에 맞춰 알맞은 전용 잔을 고른 후에 맥주와 잘 어울리는 요리와 함께 마시면 아주 좋다. 거기에 좋은 사람들과 함께 한다면 이미 최고급 와인 부럽지 않은 맥주가 될 것이다.

먼저 알맞은 잔에 알맞은 온도로 냉각된 맥주를 적당량의 거품이 형성되도록 따른다. 맥주가 잔에 부어지는 소리와 탄산이 기화되면서 버블이 터지는 소리를 듣고, 눈으로 잘 따라진 헤드와 맥주 고유의 색깔, 투명도, 혼탁도 등을 확인하면서 오감 만족을 시작한다. 특히 에일 맥주의 경우 잔을 살살 돌리며 향이 많이 올라오도록 한 뒤, 가능한 한 잔에 코를 가까이 대어 맥주마다 가시고 있는 고유의 아로마를 즐긴다. 후각으로 느끼는 아로마와 우리 뇌의 연상 작용으로 더욱더 식욕을 느낄 수 있고, 맛있게 맥수를 음미할 수 있다. 또한 혀의 미각을 통하여 단맛, 홉의 쓴맛, 신맛 등의 맛을 감상하고, 입으로는 혀와 입 전체의 촉각을 이용해 맥주의 보디감과 탄산의 청량감, 크리미한 느낌 등을 경험한다. 마지막으로 맥주를 목으로 넘길 때의 목 넘김과 넘긴 후에 목에서 올라오는 향을 다시 코를 통해 맥주의 뒷맛과 향을 느끼는 것으로 마무리한다.

청각
맥주가 잔에 부어지는 소리
탄산이 기화되면서 버블이 터지는 소리

시각
풍성한 거품, 황금빛 색깔을 즐겨라!

후각
맥주마다 다른 고유의 아로마

미각
달콤하고 쌉쌀하고 고소하고!
맥주의 풍부하고 다양한 맛

촉각
탄산의 청량감, 맥주의 보디감
거품의 풍성함을 느껴라!

겉은 바삭바삭 속은 쫀득쫀득 _ **스네이크 피자** Snake Pizza

스위스의 낭만을 한입에 쏙 _ **치즈 퐁뒤** Cheese Fondue

파스타 층층이 맛있는 행복을 품은 _ **라자냐** Lasagna

고소한 크림과 버터 향에 빠지다 _ **크림 파스타** Cream Pasta

이것도 저것도 요것도 먹고 싶은걸 _ **등심 스테이크 피자** Beef Sirloin Steak Pizza

해산물과 토마토는 면면이 살펴야 해 _ **해산물 토마토 스파게티** Seafood Tomato Spaghetti

03

이제는 맥주와 어울리겠어

피자 · 치즈 · 파스타

1. 겉은 바삭바삭 속은 쫀득쫀득
스네이크 피자 Snake Pizza

스네이크 피자는 만두처럼 피자의 토핑과 소스가 도우 안쪽으로 들어가게 빚어진 이태리 깔조네 피자 형태 중 하나다. 피자 도우가 갖가지 내용물을 모두 감싸 안고 화덕에서 구워져 나와 일반 피자와는 또 다른 느낌을 준다. 첫 입맛은 바삭하지만 씹을수록 쫄깃한 스네이크 피자를 한입 먹는 순간 도우 속에 숨어 있는 토마토소스와 고기, 허브의 향이 입안 가득 퍼지면서 자연스럽게 맥주를 부른다.

페일 에일, 둔켈 라거, 오트밀 스타우트, 필스너 등의 맥주스타일에서 페어링을 찾아보는 건 어떨까?

제품명 다스 블론드Daas Blond

생산지 벨기에   **스타일** 페일 에일   **전용 잔** 튤립 글라스

추천 온도 9~12℃   **알코올 도수** 6.5%   **발효 방식** 상면발효

추천 요리 치즈, 빵, 홍합 요리, 파스타

리뷰 연한 금빛 보디에 풍성한 헤드가 매력적이다. 달콤한 토피, 벌꿀 향이 은은하게 조화되며, 시트러스 과일의 부드러운 단맛과 몰트 맛이 입안 가득 퍼진다. 효모를 거르기 위해 이용되는 부레풀을 사용하지 않고 벨기에 디스 브루어리⁺에서 생산된 원료로만 만든 맥주다.

제품명 코젤 다크Kozel Dark

생산지 체코   **스타일** 둔켈 라거   **전용 잔** 라거 머그

추천 온도 7~9℃   **알코올 도수** 3.8%   **발효 방식** 하면발효

추천 요리 나쵸, 퀘사디야, 피자, 파스타

리뷰 체코산 흑맥아를 주원료로 하여 만든 것으로, 진한 깊은 맛과 달콤한 캐러멜 향을 음미할 수 있어 여성들이 좋아하는 맥주다. 풍부한 크리미 헤드가 쉽게 수그러들지 않으며 초콜릿, 커피 향이 풍겨난다.

접시에 담겨 나오는
모양이 호기심을 자극한다.
맛은 과연 어떨까?

제품명 앤더슨벨리 오트밀 스타우트 Anderson Velly Oatmeal Stout

생산지 미국　**스타일** 오트밀 스타우트　**전용 잔** 스타우트 글라스

추천 온도 13∼16℃　**알코올 도수** 5.8%　**발효 방식** 상면발효

추천 요리 파스타, 피자, 치즈, 쇠고기 요리, 초콜릿

리뷰 진한 검은색에 진갈색의 두꺼운 크리미 헤드가 오래 지속되며 멋진 레이싱을 남긴다. 볶은 몰트 향과 초콜릿, 커피 향이 풍겨 나오며 카푸치노 같은 부드러움이 일품인 맥주다.

제품명 빅토리아 비터 Victoria Bitter

생산지 호주　**스타일** 아메리칸 애드정트 라거　**전용 잔** 파인트 글라스

추천 온도 4∼6℃　**알코올 도수** 4.6%　**발효 방식** 하면발효

추천 요리 훈제연어, 바비큐, 피자

리뷰 투명한 구릿빛 보디에 하얀 헤드가 형성되는 대표적인 호주 맥주다. 몰트와 달콤한 곡물의 아로마가 약하게 느껴진다. 라이트 보디에 미세한 단맛, 약간의 쌉쌀한 맛이 조화를 이루는 부드러운 맥주다.

check!

벨기에 다스 브루어리

벨기에에서 전통 수도원방식으로 맥주를 만드는 수도원 양조장 17곳 중 하나다. 맥주 장인들에 의해 제조되며, 900년 전통 방식으로 영국 토양협회에서 인증을 받은 최초이자 유일한 100% 유기농, 글루텐 99.99%가 추출되는 수제 에일 맥주를 생산한다. 블론드, 엠버, 화이트 세 가지 제품이 국내에 소개되고 있으며, 글루텐 추출 인증, 유럽연합(EU) 유기농 인증, 영국 유기농 인증, 부레풀 무사용 인증 등 벨기에 생산품만 사용 인증을 획득한 맥주들이다.

2. 스위스의 낭만을 한입에 쏙
치즈 퐁뒤 Cheese Fondue

치즈를 가장 맛있게 즐기는 요리 중 하나인 치즈 퐁뒤는 스위스의 대표적인 치즈요리로, 화이트 와인과 치즈를 녹여 만든 스튜에 바게트나 삶은 감자, 고기 등을 찍어 먹는다. 최근에는 레스토랑이 아닌 집에서도 간단히 만들어 먹을 수 있는 요리로 대중화되어 와인, 맥주 등과 좋은 페어링을 이루고 있다. 치즈에는 알코올을 분해하고 간 기능을 강화하는 '메티오닌'이라는 아미노산이 다량 함유되어 숙취 해소에도 효과가 좋은 것으로 알려져 있다.

어떤 맥주와도 잘 어울리는 치즈지만 그중에서도 화이트 비어, 바이젠 복, 블론드 에일, 페일 에일, 발리 와인, 스타우트 등의 맥주와 함께하면 치즈 본연의 맛은 물론 맥주의 맛까지 함께 살릴 수 있는 환상의 페어링이 된다.

진한 치즈에 바게트 혹은
고기를 찍어 먹으면 입안 가득
스위스의 낭만을 머금은 듯하다.

치즈의 진한 맛을 그대로 살려줄
화이트 비어나 바이젠 복과 페어링 해보자.

치즈 퐁뒤와 가장 어울리는 맥주는?

제품명 바이엔슈테판 비투스 Weihenstephaner VITUS
생산지 독일   **스타일** 바이젠 복   **전용 잔** 고블릿 글라스
추천 온도 9~13℃   **알코올 도수** 7.7%   **발효 방식** 상면발효
추천 요리 치즈, 빵, 육류, 생선류
리뷰 바이엔슈테판 맥주 라인업 중 가장 인기 있는 제품으로,
상면발효 후에 저온저장으로 장기 숙성과정을 거쳐 진한 밀 몰
트의 묵직한 보디감을 느낄 수 있다. 크리미한 거품과 부드러운
목 넘김으로 어떠한 요리와도 잘 어울리며, 전 세계적으로 고
정적인 비투스 마니아층을 확보하고 있다.

제품명 배럴트롤리 벨지안 화이트Barrel Trolley Bellgian White
생산지 미국   **스타일** 화이트 비어   **전용 잔** 튤립 글라스
추천 온도 6~7℃   **알코올 도수** 5.4%   **발효 방식** 상면발효
추천 요리 디저트, 쿠키, 과일, 치즈
리뷰 배럴트롤리 NO.1으로 은은한 코리앤더 향과 산뜻한 오렌지 향이 조화
롭다. 효모를 필터링하지 않은 탁한 밀 맥주로 상큼한 향과 부드러운 입안의
느낌이 인상적인 벨기에 스타일의 화이트 에일이다.

제품명 로스트 코스트 텐저린 위트 에일Lost Coast Tangerine Wheat Ale
생산지 미국   **스타일** 프룻 비어   **전용 잔** 파인트 글라스
추천 온도 9~10℃   **알코올 도수** 5.1%   **발효 방식** 상면발효
추천 요리 디저트, 빵, 치즈, 과일
리뷰 다소 탁한 오렌지색 보디에 연한 오렌지색 헤드가 형성된다. 강한 오렌
지 향이 지속되며, 미세한 밀의 향을 맡을 수 있다. 시작부터 끝까지 오렌지
의 맛이 지배적이며, 약한 홉의 맛과 곡물의 맛이 어울린다. 요리 없이 마시
거나 과일 등의 디저트와 어울리는 상큼한 맥주다.

제품명 호가든 화이트 비어Hoegaarden White Beer⁺
생산지 벨기에   **스타일** 화이트 비어   **전용 잔** 텀블러
추천 온도 6~7℃   **알코올 도수** 4.9%   **발효 방식** 상면발효
추천 요리 디저트, 쿠키, 과일, 치즈
리뷰 부드럽고 풍부한 맛, 오렌지 느낌과 코리앤더 향이 조화된 매
혹적인 향이 난다. 최고급 벨기에 화이트 비어로 세계적으로 너무
나 잘 알려져 있으며, 황금빛 안개를 떠올리는 색감과 풍부한 구름
거품이 일품인 맥주다. 참고로 현재 우리나라에서 판매되는 호가
든은 대기업에서 라이센스를 획득해 국내에서 제조되고 있다.

check!

벨기에 밀 맥주 Belgian White
어타 지역의 밀 맥주와는 달리 벨지안 화이트로 분류하는 독특한 특징이 있다. 벨기에 지역의
밀 맥주는 제조 과정에서 홉과 보리, 밀 몰트 외에 코리앤더 열매, 향신료, 허브, 과일들을 사용
해 상큼한 신맛을 낸다. 특히 오렌지 껍질을 사용해 은은한 오렌지 맛과 향이 나는 균형 잡힌 부
드러운 맥주다.

3. 파스타 층층이 맛있는 행복을 품은
라자냐 Lasagna

　라자냐는 이태리 북부지방에서 유래한 파스타의 한 종류로, 얇은 파스타 시트를 여러 장 겹쳐 그 사이 사이에 소스와 치즈, 잘게 다진 해산물이나 고기 등을 넣어 요리한 음식이다. 흡사 우리나라의 만두피처럼 넓게 두툼하게 펴서 요리하는 색다른 느낌의 파스타 요리로, 치즈와 소스, 그리고 속에 들어가는 재료에 따라 다양한 맛을 낼 수 있다. 스파게티가 포크로 돌돌 말아 먹는 재미가 있다면, 라자냐는 포크나 스푼의 옆 날로 썩썩 잘라먹는 재미가 있다.

　라우흐비어, 헬레스 라거, 페일 라거 등과 함께하면 더욱 즐거운 시간을 가질 수 있다.

라우흐비어, 헬레스 라거 등의
맥주스타일을 좋아한다면,
색다른 파스타인 라자냐를
적극 추천한다.

제품명 슈렝케를라 라우흐비어 우어복 Schlenkerla Rauchbier Urbock
생산지 독일 **스타일** 라우흐비어* **전용 잔** 파인트 글라스
추천 온도 10~15℃ **알코올 도수** 6.5% **발효 방식** 상면발효
추천 요리 훈제고기류, 치즈, 파스타
리뷰 슈렝케를라 라우흐비어 중에서 10~12월 사이에만 맛볼 수 있는 시즈널 비어다. 지하 동굴저장소에서 오크 통에 담겨 숙성되어 진한 오크 향과 훈제 향을 느낄 수 있는 독일 바이에른 지역의 깊고 진한 맥주다.

제품명 바이엔슈테판 오리지날 라거 Weihenstephaner Original Bayrisch Mild
생산지 독일 **스타일** 헬레스 라거* **전용 잔** 튤립 글라스
추천 온도 9~10℃ **알코올 도수** 5.1% **발효 방식** 하면발효
추천 요리 바비큐, 파스타, 치킨
리뷰 바이에른의 바이엔슈테판 수도원 지하저장소에서 6주 동안 서늘하게 저장 숙성된 라거로 바이에른산 할러타우 홉을 사용한다. 고급스러운 꽃과 과일 향이 인상적이며, 상쾌한 스파클링의 밸런스가 조화로운 뮌헨 스타일의 라거 맥주다.

제품명 레페 블론드Leffe Blond

생산지 벨기에　**스타일** 페일 에일　**전용 잔** 에일 글라스

추천 온도 10~13℃　**알코올 도수** 6.6%　**발효 방식** 상면발효

추천 요리 빵, 치즈, 파스타, 홍합 요리

리뷰 벨기에 수도원으로부터 라이선스를 얻어 생산되는 대표적인 에비 에일 맥주로, 투명한 금빛 컬러에 두꺼운 헤드, 바나나 향이 은은한 꽃 향과 조화를 이룬다. 라이트 보디에 부드럽고 깔끔한 끝 맛에 향과 맛이 적절히 잘 조화된 맥주다.

제품명 페로니 나스트라즈로Peroni Nastro Azzurro

생산지 이태리　**스타일** 페일 라거⁺　**전용 잔** 파인트 글라스

추천 온도 4~6℃　**알코올 도수** 5.1%　**발효 방식** 하면발효

추천 요리 훈제요리, 치킨, 파스타, 피자

리뷰 1846년 이태리 비제바노에 설립된 페로니 양조장은 이태리 최대의 양조장이며, 페로니 나스트라즈로는 이태리에서 가장 많이 팔리는 페일 라거다. 연한 황금색 보디에 부드럽고 마시기 쉬운 맥주로 어느 음식과도 잘 어울리는 대표적인 이태리 맥주다.

check!

라우흐비어 Rauchbier

스모크 비어로 장작불에 훈연하여 건조시킨 맥아를 사용해 독특한 훈제 소시지 향이 나는 소량 생산되는 유니크한 맥주다. 짙은 검은색 보다에 묵직한 느낌의 특징이며, 맥주 맛을 살릴 수 있는 훈제 요리나 초콜릿, 치즈 등과 잘 어울린다. 대표적인 맥주는 슈렝케를라 라우흐비어 우어복, 슈렝케를라 라우흐비어 메르첸, 슈렝케를라 라우흐비어 바이첸 등이 있다.

헬레스 라거 Helles Lager

1890년대 독일의 뮌헨에서 처음 양조된 스타일로, 체코 필스너에 비해, 홉의 쓴맛은 약하며 청량감이 좋아 갈증 해소용으로 여름에 마시기 좋은 맥주다. 독일어 'helles'는 영어 'pale'을 의미한다. 대표적인 맥주는 뢰벤브로이 오리지널, 바이엔슈테판 오리지널 등이 있다.

페일 라거 Pale Lager

보리 몰트 외에 다른 곡물(쌀, 옥수수 등)이 첨가된 아메리칸 애드정트 라거와는 달리 100% 보리 몰트만을 사용하여 만든 연한 황금색의 라거 맥주를 통칭한다. 흔히 올-몰트라고 표현하기도 한다. 대표적인 맥주로는 기린 이치방, 무스헤드 라거, 미켈럽 등이 있다.

4. 고소한 크림과 버터 향에 빠지다

크림 파스타 <small>Cream Pasta</small>

버터에 고소하게 볶아낸 야채와 베이컨 등의 고기를 생크림을 이용하여 만든 소스에 면과 함께 버무린 요리로, 고소한 맛과 입안에서의 크리미한 부드러움이 일품인 단골 이태리 요리다. 빵을 곁들여 크림소스에 찍어 먹기도 한다.

리치하고 크리미한 입감에 잘 어울리는 라우흐비어나 스타우트 스타일의 맥주도 멋진 궁합을 이루고, 입안을 상쾌하게 해 줄 위트 비어나 다크 라거도 잘 어울리는 페어링이다.

고소하고 풍성한 크림 맛이 일품인 크림 파스타를 위트 비어나 다크 라거와 함께하면 제격이다.

크림 파스타와 가장 어울리는 맥주는?

제품명 슈렝케를라 라우흐비어 메르첸 *Schlenkerla Rauchbier Marzen* ✛
생산지 독일   **스타일** 라우흐비어   **전용 잔** 파인트 글라스
추천 온도 10~15℃   **알코올 도수** 5.4%   **발효 방식** 상면발효
추천 요리 훈제고기류, 치즈, 파스타
리뷰 슈렝케를라 라우흐비어 중에서 오리지날 비엔나 비어로, 깊고 묵직한 느낌의 훈연 비어다. 6대를 이어온 밤베르크 정통 선술집과 양조장의 스모크 비어의 역사를 전하고 있는 맥주다.

제품명 기네스 오리지널 *Guinness Original*
생산지 아일랜드   **스타일** 스타우트 ✛   **전용 잔** 파인트 글라스
추천 온도 13~16℃   **알코올 도수** 4.2%   **발효 방식** 상면발효
추천 요리 빵, 조개류, 굴, 랍스터, 크림 파스타
리뷰 기네스는 약 250여 년의 전통과 150여 개국으로 수출되고 있는 아일랜드 더블린의 자랑이자 스타우트 맥주의 대명사다. 진한 흑갈색 보디에 모카색의 두꺼운 크리미 헤드를 가지며, 마치 차가운 모카라떼를 마시는 듯한 느낌의 향과 맛이 조화롭다. 부드럽고 크리미한 풀 보디 스타일의 맥주다.

제품명 크로넨버그 블랑 1664 Kronenbourg Blanc 1664
생산지 프랑스   **스타일** 위트 비어   **전용 잔** 바이젠 글라스
추천 온도 9~10℃   **알코올 도수** 5.0%   **발효 방식** 상면발효
추천 요리 연어, 파스타, 디저트
리뷰 시트러스, 플로럴, 허니 향이 오묘하게 돋보이는 후각이 즐거운 맥주
다. 탁한 연한 노란색 보디에 풍성한 탄산기 있는 헤드를 가지며, 적당한 레
이싱을 남긴다. 이스트, 몰트, 감귤, 바나나, 밀, 생홉의 아로마가 교묘하게
조화되며, 그 향을 입으로도 느낄 수 있다. 입감 또한 부드럽다.

제품명 산 미구엘 세르베샤 네그라 San Miguel Cerveza Negra
생산지 필리핀   **스타일** 다크 라거   **전용 잔** 파인트 글라스
추천 온도 7~9℃   **알코올 도수** 5.0%   **발효 방식** 하면발효
추천 요리 훈제햄, 파스타, 양고기
리뷰 마호가니 색깔에 연한 베이지색 헤드를 가지며 달콤한 볶은 몰트, 볶은
곡물의 향이 난다. 캐러멜 맛과 초콜릿 커피 맛이 어우러지고, 쓴맛은 그리
강하지 않은 연한 단맛의 저탄산 맥주다.

check!

메르첸 Märzen

'옥토버페스트 Oktoberfest'라는 독일 최대 맥주 축제에 사용되는 맥주다. 그 해 3월에 주조해 여름
동안 동굴에 저장한 뒤 10월 축제 때 모두 소비한다. 보존을 위해 다소 독하게 제조되며, 주로
어두운 색에 몰트 맛과 단맛이 조화를 이룬다. 대표적인 맥주는 사무엘 아담스 옥토버페스트,
파울라너 옥토버페스트, 호프브로이 옥토버페스트 비어 등이 있다. 옥토버페스트는 독일 뮌헨
에서 매년 9월 셋째 주 토요일부터 10월 첫째 주 일요일까지 2주간 열리는 세계 최대 규모의 맥
주 축제다.

스타우트 Stout

아일랜드를 대표하는 맥주스타일로, 짙게 볶은 몰트를 사용해 초콜릿 색깔이 나며, 크리미하고
미세한 거품과 함께 은은한 커피 맛이 나는 것이 특징이다. '스타우트'라는 명칭은 1778년 최초
의 기네스 맥주를 '스타우트 포터(강한 도수의 포터)'라는 이름으로 팔기 시작한 데서 비롯되었
다. 대표적인 맥주는 기네스 오리지널, 쿠퍼스 스타우트, 영스 더블 초콜릿 스타우트 등이 있다.
이 중 기네스 드래프트 제품의 캔 안에는 위젯 Widget 이라는 탁구공처럼 생긴 질소가스 충진 볼
이 들어 있어 캔을 오픈할 때, 캔 내부의 압력이 낮아지면서 위젯의 질소가 기화되는데 그림 같
은 부드러운 헤드를 만들어 주어 댐에서 막 따른 맥주 같은 부드러운 느낌을 선사해 준다.

등심 스테이크 피자 Beef Sirloin Steak Pizza

스테이크 피자는 피자 도우 위에 샐러드와 스테이크를 토핑으로 얹어 피자와 야채, 과일, 스테이크를 한 번에 맛볼 수 있다. 일석삼조의 효과를 가지는 매력적인 요리로, 맥주 요리로 손색이 없다. 샐러드와 스테이크, 그리고 피자가 지닌 고유의 맛을 살리면서도 서로 조화를 이뤄 또 다른 새로운 맛을 낸다. 최근 들어 인기가 높아지고 있는 피자 중 하나다.

다양한 맥주 페어링이 가능하지만 페일 에일, 블론드 에일, 브라운 에일, 에비 두벨, 스타우트, 헤페 바이젠 등과 페어링 해보자.

등심 스테이크 피자와 가장 어울리는 맥주는?

제품명 베럴트롤리 페일 에일Barrel Trolley Pale Ale
생산지 미국   **스타일** 페일 에일✝   **전용 잔** 튤립 글라스
추천 온도 13~15℃   **알코올 도수** 5.3%   **발효 방식** 상면발효
추천 요리 바비큐, 스테이크, 치즈, 파스타, 매운 음식
리뷰 배럴트롤리 시리즈의 No.3로 3종의 홉이 만들어내는 아로마가 조화로운 페일 에일이다. 시트러스한 홉의 아로마와 깊은 몰트의 향이 깔끔한 피니시를 만들어낸다. 뉴욕에서 나온 정통 미국식 페일 에일의 진수를 느낄 수 있는 크래프트 비어다.

제품명 빅 웨이브 골든 에일Big Wave Golden Ale
생산지 미국   **스타일** 블론드 에일   **전용 잔** 파인트 글라스
추천 온도 13~15℃   **알코올 도수** 4.4%   **발효 방식** 상면발효
추천 요리 빵, 파스타, 피자, 햄, 과일
리뷰 연하게 볶은 허니 몰트가 은은한 과일 향과 달콤한 아로마를 만들어 낸다. 섬세한 홉의 향과 쌉쌀함이 부드럽게 어우러져, 마시기 좋은 상쾌한 하와이의 대표적인 코나 브루어리의 맥주다.

스테이크, 샐러드, 과일이
도우 위에 몽땅 올라갔다.
비주얼만큼이나 다양한
맥주를 부른다.

제품명 쿠퍼스 오리지널 페일 에일Coopers Original Pale Ale
생산지 호주 　**스타일** 잉글리시 페일 에일 　**전용 잔** 파인트 글라스
추천 온도 9~12℃ 　**알코올 도수** 4.5% 　**발효 방식** 상면발효
추천 요리 빵, 파스타, 피자, 햄, 과일
리뷰 다소 탁한 연한 금빛에 보디에 하얀 헤드가 풍성하며, 몰트, 곡물, 빵, 이스트의 향이 미세하게 난다. 몰트, 빵의 맛과 레몬, 홉의 연한 쌉쌀함이 조화되는 미디엄 보디의 부드러운 드라이 피니시를 갖는다.

제품명 휘슬러 위스키 잭 에일Whistler Whiskey Jack Ale
생산지 캐나다 　**스타일** 엠버 에일⁺ 　**전용 잔** 파인트 글라스
추천 온도 7~10℃ 　**알코올 도수** 5.0% 　**발효 방식** 상면발효
추천 요리 치즈, 조개류, 파스타, 생선류
리뷰 밝은 구릿빛 보디에 반짝이는 황갈색의 크림 같은 거품이 풍성한 영국의 켄트 홉을 사용하여 만든 크래프트 맥주다. 홉의 향과 쌉쌀한 맛이 완벽한 균형을 이루는 세션 비어로, 부드러운 맛에 부담 없이 즐기기 좋다. 참고로 위스키 잭은 위스키 술과는 전혀 연관이 없으며, 라벨에 나온 그림처럼 캐나다의 어치새를 부르는 명칭이다.

check!

페일 에일Pale Ale
페일 에일은 영국 양조 산업의 혁명이라고 말할 수 있다. 18세기 산업혁명 당시 석탄의 대체 연료인 코크Coke를 사용해 유해 가스 걱정 없이 페일 몰트를 생산할 수 있었고, 이 페일 몰트를 사용해 효소와 발효성 당이 더 많은 투명하고 탄산의 청량감이 뛰어난 맥주가 생산되었다. 19세기 들어 유리잔에 맥주가 서빙되면서 페일 에일의 투명함과 스파클을 시각적으로도 즐길 수 있게 되었다. 대표적인 맥주는 풀러스 런던 프라이드, 쿠퍼스 오리지날 페일 에일, 사무엘 아담스 페일 에일 등이 있다.

엠버 에일Amber Ale
호박색에서 붉은색을 띠는 에일로 홉보다는 몰트에 중점을 둔, 붉은 몰트와 연한 과일 향이 균형 잡힌 맥주다. 다크 에일보다는 연한 색감을 가지며, 대표적인 맥주는 칼리코 엠버 에일, 분트 엠버 에일, 칼데라 엠버 에일 등이 있다.

6. 해산물과 토마토는 면면이 살펴야 해
해산물 토마토 스파게티 _{Seafood Tomato Spaghetti}

올리브 오일에 토마토소스와 해산물을 함께 볶은 해산물 토마토 스파게
티는 어느 자리에서 먹어도 충분히 그 분위기를 살려주는 메뉴 중 하나다.
토마토와 해산물, 스파게티 등 모두 따로따로 맥주와 페어링해도 흠이 없는
재료를 하나로 모았으니 맥주와 함께하기 더 없이 훌륭하다.

페어링하기에 좋은 맥주들이 많지만 그중에서도 IPA, 필스너, 엠버 에일,
에비 트리펠, 오트밀 스타우트, 헤페 바이젠, 헬레스 라거, 다크 라거 등을 추
천한다.

해산물을 토마토소스에
면과 함께 볶아냈다.
맛은 기본이며 포만감과
행복은 덤이다.

제품명 필스너 우르켈Pilsner Urquell

생산지 체코　**스타일** 필스너　**전용 잔** 필스너 글라스

추천 온도 7~9℃　**알코올 도수** 4.4%　**발효 방식** 하면발효

추천 요리 치킨 요리, 생선 요리, 소시지, 파스타

리뷰 체코의 필젠 지역에서 생산된 필스너의 원조 맥주다. 황금빛 보디에 풍부한 흰색 헤드와 레이싱이 남는다. 은은한 꽃과 과일, 필스너 향이 나며, 필스너의 기본인 홉의 쌉쌀한 맛이 조화된다. 목 넘김이 아주 좋고 깊은 보디감이 있는 필스너 맥주의 스탠더드라 할 수 있다.

제품명 주브르 골드Zubr Gold

생산지 체코　**스타일** 필스너✦　**전용 잔** 필스너 글라스

추천 온도 7~9℃　**알코올 도수** 4.6%　**발효 방식** 하면발효

추천 요리 치킨 요리, 생선 요리, 파스타

리뷰 연한 금빛의 전형적인 체코 필스너로, 체코 전통맥주 경연대회에서 2관왕을 차지한 경력이 있다. 몰트와 홉의 아로마가 미세하게 조화되며, 첫 맛은 약하게 단맛이 난다. 홉의 쌉쌀함이 어우러지는 드라이 피니시의 맥주다.

필스너, 엠버 에일, 다크 라거 등이 해산물 토마토 스파게티와 절묘한 짝을 이룬다.

제품명 다스 엠버 Daas Ambre

생산지 벨기에　**스타일** 엠버 에일　**전용 잔** 튤립 글라스

추천 온도 9~12℃　**알코올 도수** 6.5%　**발효 방식** 상면발효

추천 요리 훈제치킨, 햄, 돼지고기, 매운 요리, 파스타

리뷰 매력적인 구릿빛 보디에 하얀 풍성한 헤드와 더불어 볶은 몰트, 캐러멜, 버터스카치, 홉의 아로마가 잘 어울린다. 벨기에에서 생산되는 유기농 글루텐 프리 맥주✝다.

제품명 리콘 블랙 Licorne Black

생산지 프랑스　**스타일** 다크 라거　**전용 잔** 튤립 글라스

추천 온도 7~9℃　**알코올 도수** 6.0%　**발효 방식** 하면발효

추천 요리 매운 요리, 바비큐, 소시지, 파스타

리뷰 프랑스 알자스 지역의 작은 마을에 자리 잡은 리콘 브루어리에서 양조된 맥주로 풍부한 과일 향과 미묘하고 풍미가 넘치는 쓴맛의 피니시를 가진다. 마실수록 서서히 퍼지는 커피 향과 살짝 그을린 캐러멜, 몰트 향이 조화롭게 균형 잡힌 유로 다크 라거다.

check!

체코 필스너Czech Pilsener

체코의 필젠 지역에서 유래한 사츠 홉Sazz Hop을 사용하여 만든 연한 황금색의 홉 향과 쓴맛이 강한 연한 단맛이 있는 라거 맥주다. 그중에서도 필스너 우르켈은 '필스너의 원조'라는 뜻으로, 1842년 체코 필젠에서 생산된 대표적인 필스너 맥주다. 이밖에 대표적인 필스너 맥주로는 부데요비츠키 부드바, 스텔라 아르투아, 프리마토 프리미엄 등이 있다.

유기농 글루텐 프리 맥주

유기농 맥주는 농약이나 화학 비료를 전혀 사용하지 않고 재배한 홉과 보리만을 사용해 만든 친환경 맥주다. 글루텐 프리 맥주는 다양한 글루텐 추출 공법으로 맥주 내에 존재하는 글루텐을 제거한 제품이다. 대표적으로 벨기에 크래프트 비어인 다스 제품들이 있으며, 국내에 시판되고 있는 프랑스 리콘 바이오Licorne Bio도 100% 유기농 공법으로 재배한 맥아와 홉을 사용해 유로 기준 유기농 인증을 획득한 유기농 맥주다.

맥주야, 대답해줘 Ⅰ

Q 펍에서 판매하는 생맥주는 효모균이 살아 있는 맥주다?

답은 아니다. 현재 국내에서 유통되고 있는 거의 모든 생맥주 제품들은 멸균 필터링 과정을 거친 제품으로 병맥주, 캔맥주, 생맥주(케그 제품) 모두 같은 맥주다. 다만, 생맥주라고 판매되는 맥주를 더 맛있게 느끼는 것은 서빙 온도와 탭에서 나올 때 주입되는 액화 탄산에 의한 탄산 함량 차이로 인해 더욱 톡 쏘는 또는 부드러운 느낌이 있는 것이다. 주류 관련 법제상 '생맥주'라는 용어의 정의나 규제가 법률로 정해진 바가 없기 때문에, 생맥주라는 용어를 아무런 제약 없이 사용할 수 있다. 어찌 보면 멸균처리나 여과과정을 거치지 않은 펍에서 직접 만드는 맥주를 판매하는 소수의 하우스 맥주 입장에서 보면 상당히 억울할지도 모른다.

Q 맥주가 뱃살의 주범이다?

보통 맥주하면 뱃살의 주범으로 생각하고, 영어 표현에서도 아랫배가 볼록 나온 것을 'beer belly'로 부르기도 하는 등 맥주가 아랫배의 주범으로 알려져 왔지만 맥주에는 지방 함량이 없다. 탄수화물이 3.5~4.5%, 조단백이 0.15~0.65% 정도 포함되어 있을 뿐이다. 물론 맥주도 술이기에 알코올이 포함되어 있으나, 맥주의 알코올 칼로리는 라거 기준으로 보면 100mL당 43kcal로, 화이트 와인(84kcal)의 절반 수준이며, 오렌지 주스(100mL당 53kcal)보다도 낮은 열량을 가지고 있다.

그렇다면 왜 맥주를 많이 마시면 살이 찐다고 느끼게 되는 걸까? 뱃살의 주범은 맥주보다 맥주와 함께 먹는 기름진 요리들이 문제다. 과도하게 기름진 요리만 같이 먹지 않는다면, 살이 찌지 않을 것이다. 오히려 맥주를 마시다 보면 체온이 올라가 열이 나게 되고 그때 열을 내는 데 열량이 소비되므로 맥주의 칼로리는 소모된다고 보면 된다. 따라서 밤에 시원하게 마시는 맥주 한잔 때문에 살찔 걱정은 하지 않아도 좋을 것 같다.

Q 같은 용량의 병맥주와 캔맥주의 가격은 같다?

병맥주가 캔맥주보다 저렴하다. 그 이유는 병맥주는 재활용이 가능해 생산 원가를 절감할 수 있기 때문이다. 우리나라의 주세 구조를 보면 맥주 원가뿐 아니라 맥주를 생산하는 데 발생하는 모든 비용, 병, 디자인, 마케팅, 영업이익의 모든 부분을 포함한 출고 가격에 각종 세금을 부과하기 때문에 병 제품의 경우 병 자체의 원가뿐 아니라 그에 따르는 세금까지 반영되어 가격차이가 나게 된다. 이런 불합리한 조세 구조 때문에 기업들이 맥주의 병이나 라벨 디자인에 투자를 꺼리는 건지도 모른다.

2차 그 맥주의 소울푸드 | 이제는 맥주와 어울리잖아

이런 이유에 더해 공병 보증금 환불 금액까지 생각한다면 병맥주가 훨씬 더 저렴하다. 그러니 맥주를 자주 마시는 애주가라면 병맥주를 구매하는 것이 더 이익이 될 수 있다. 다만, 수입 맥주의 경우는 캔맥주가 병맥주보다 15~25% 정도 더 저렴한 경우도 있다. 수입 맥주의 공병이 국내에서는 재활용될 수 없기 때문이다.

Q 맥주 회사마다 병 모양이 다르다?

국산 맥주를 마시다 보면 하이트 각인이 되어 있는 병에 오비 맥주의 종이 라벨이 붙어 있는 경우나 그 반대의 경우도 어렵지 않게 발견할 수 있다. 그 이유는 국산 오비와 하이트 맥주의 경우 제조회사에 상관없이 모양이 동일하며 재활용한 병도 공유하기 때문이다. 재활용은 비용 측면에서는 바람직한 일이시만, 왠지 전문성이나 다양성이 떨어지는 느낌은 어쩔 수 없다. 병 모양처럼 맥주 맛 또한 아무런 차이 없이 밋밋할 것 같은 그런 느낌이다.

Q 맥주를 사랑하는 그대, 진정한 애국자?

자동차의 휘발유나 경유에 많은 세금이 포함되어 있다는 건 누구나 다 알고 있다. 하지만 맥주도 휘발유 못지않은 세금이 부과된다는 것을 아는가? 예를 들어, 공장에서 출고되는 맥주의 제조원가(제조비용, 광고 마케팅 비용, 영업이익 모두 포함)가 1,000원이라고 하면, 거기에 72%의 주류세와 주류세에 해당하는 금액의 30%의 교육세가 부과되고, 그 합계에 10%에 해당하는 부가세가 포함되어 2,129원이라는 출고가격이 결정된다. 제조원가는 1,000원이고, 그에 따른 출고 단계에서의 세금만 1,129원으로, 세금이 원가보다 더 큰, 배보다 배꼽이 더 큰 꼴이다. 쉽게 세금을 거둘 수 있는 간접세가 맥주에 과도하게 부과되어 서민들의 맥주 한잔을 너무도 부담스럽게 한다.

Q 수입 맥주니까, 차라리 해외 직구를 해?

아니다. 해외 거주, 유학이나 여행을 통해 외국에서 쉽게 구할 수 있었던 저렴한 맥주의 추억에 직구를 저질렀다가는 특급 호텔 스카이라운지에서 마시는 것보다 더 비싸게 맥주를 마시는 불상사가 벌어질 수도 있다. 흔히 쉽게 '수입되는 맥주에 관세와 운송비를 지불하면 되겠지?' 했다가는 큰코다친다. 맥주를 수입할 경우, 수입되는 맥주의 가격에 해외 운송비, 화물보험료를 합친 가격에 30%의 관세가 부과되며, 과세 가격과 관세를 합친 금액의 72%의 주세, 주세의 30%의 교육세, 그리고 이 모든 것을 합친 가격의 10%에 해당하는 부가가치세를 지불해야한다. 그래서 십여 만 원어치의 맥주를 항공으로 받을 경우에 50만 원이 넘는 소위 멘붕 상태가 발생할 수도 있다.

매콤새콤 매력에 자꾸자꾸 손이 가 _ **얌운센 해산물 샐러드** Seafood Salad

그렇고 그런 감자튀김이 아냐 _ **벨지안 프라이즈** Belgian Fries

루꼴라 꽃이 피었습니다 _ **삼겹살 루꼴라 샐러드** Pork belly Rucola Salad

하루 비타민을 담은 한 접시 _ **연어 샐러드** Salmon Salad

맥주의 숨은 향과 맛을 끌어내 줄 _ **과일 디저트** Fruits

04

파릇파릇하니까, 아삭아삭 먹을래

과일 · 채소 · 디저트

얌운센 해산물 샐러드 <small>Seafood Salad</small>

　얇고 투명한 쌀국수와 해산물, 돼지고기를 여러 가지 향신료를 사용해 매콤하고 새콤하게 만든 오리엔탈식 해산물 샐러드다. 식욕을 자극하는 신맛과 짠맛, 매운맛이 강해 본 요리 전 애피타이저로 제격이다.

　맛과 향이 강한 IPA와도 잘 어울리고 자극받은 혀를 달래기 위해 청량감 있는 필스너나 라거류도 좋다. 해산물과 잘 어울리는 헤페 바이젠과의 페어링도 빠질 수 없다.

영양만점 쌀국수와
오동통한 새우를
매콤새콤하게 버무렸다.

제품명 산미구엘 페일 필젠San Miguel Pale Pilsen
생산지 필리핀　**스타일** 필스너　**전용 잔** 필스너 글라스
추천 온도 4~7℃　**알코올 도수** 5.0%　**발효 방식** 하면발효
추천 요리 치킨 요리, 애피타이저
리뷰 옅은 황금색을 띠며, 알맞은 거품과 몰트, 그리고 약간의 홉, 비스킷 맛, 아로마가 느껴진다. 일반적인 독일 필스너 맥주보다 홉의 쓴맛이 적으며, 라이트 보디에 연한 단맛과 쓴맛이 조화되는 피니시를 갖는다.

제품명 에딩거 바이스비어Erdinger Weisbier
생산지 독일　**스타일** 헤페 바이젠　**전용 잔** 바이젠 글라스
추천 온도 7~9℃　**알코올 도수** 5.3%　**발효 방식** 상면발효
추천 요리 소시지 요리, 바비큐, 해산물, 샐러드
리뷰 할러타우 지역의 신선한 샘물과 홉을 사용하여 제조한 부드러우면서 탄산기가 강한 바이젠 맥주다. 탁한 황금색 보디에 은은한 바나나와 클로브 향이 나며, 홉의 향과 맛은 별로 느껴지지 않아 얕은 쓴맛의 피니시를 갖는다. 부드러운 미디엄 보디의 맥주다.

제품명 타이거 골드 메달Tiger Gold Medal
생산지 싱가포르　**스타일** 아메리칸 애드정트 라거　**전용 잔** 파인트 글라스
추천 온도 4~6℃　**알코올 도수** 5.0%　**발효 방식** 하면발효
추천 요리 훈제연어, 바비큐, 해산물
리뷰 투명한 연한 금빛 보디에 하얀 헤드가 생기는 싱가포르의 대표적인 라거 맥주다. 미세한 몰트, 곡물의 단내가 난다. 옅은 레몬 맛과 몰트의 단맛, 홉의 쌉쌀한 맛이 어우러지는 라이트 보디의 맥주다.

제품명 아사히 수퍼 드라이 |Asahi Super Dry

생산지 일본   **스타일** 아메리칸 애드정트 라거

전용 잔 파인트 글라스   **추천 온도** 4~6℃

알코올 도수 5.0%   **발효 방식** 하면발효

추천 요리 치킨 요리, 애피타이저, 샐러드

리뷰 투명한 황금색 보디에 하얀색 탄산 같은 헤드가 형성되며, 레이싱은 약하다. 연한 옥수수, 밀 몰트 향이 나며, 다소 높은 탄산의 톡 쏘는 맛이 있다. 깔끔하고 청량감이 있는 드라이 맥주다. 광고에서 엔젤링이라는 표현을 쓰며 마케팅 전략을 펼쳐, 우리나라와 일본에서는 레이싱이라는 표현보다는 엔젤링으로 더 많이 사용되고 있다.

동양식 샐러드인 얌운센은 산미구엘, 타이거, 아시히와도 부담 없이 페어링된다.

2. 그렇고 그런 감자튀김이 아냐
벨지안 프라이즈 Belgian Fries

감자튀김은 감자를 어떻게 썰어서 튀기느냐에 따라 식감과 맛에 차이가 난다. 햄버거나 샌드위치와 영혼의 파트너라 할 만큼 환상의 궁합을 갖고 있지만, 그 자체만으로도 맥주 요리로 손색이 없다. 벨지안 프라이즈는 우리가 흔히 먹는 감자튀김보다 감자를 더욱 굵게 썰어 튀겨낸 뒤 케첩이 아닌 트러플 마요네즈에 찍어 먹는 것이 특징이다.

다소 리치한 감자튀김이니, 경쾌하고 청량감 있는 라거 맥주나 쾰시 맥주와 함께 해보면 더할 나위 없이 좋다.

청량감이 풍부한
라거 맥주와 쾰시 맥주는
벨지안 프라이즈와 더없이
환상적인 페어링을 이룬다.

시각이 즐겁고, 식감은 더욱
만족스러운 벨지안 프라이즈,
흔한 감자튀김이 아니다.

벨지안 프라이즈와 가장 어울리는 맥주는?

제품명 밀러 라이트Miller Lite
생산지 미국　**스타일** 라이트 라거　**전용 잔** 파인트 글라스
추천 온도 4∼6℃　**알코올 도수** 4.2%　**발효 방식** 하면발효
추천 요리 치킨 요리, 동양 음식, 튀김 요리
리뷰 선명한 연한 빛에 약한 헤드로 전형적인 저알코올, 저칼로리 라이트 비
어＊다. 캠핑, 야외 파티에서 부담 없이 즐길 수 있는 청량함과 시원함을 동시
에 품고 있다.

제품명 산미구엘 라이트San Miguel Lite

생산지 미국　**스타일** 라이트 라거　**전용 잔** 파인트 글라스

추천 온도 4~6℃　**알코올 도수** 5.0%　**발효 방식** 하면발효

추천 요리 치킨 요리, 해산물, 튀김 요리

리뷰 1890년 스페인의 식민지였던 마닐라에서 공장을 두고 생산하기 시작한 산미구엘 맥주의 라이트 라거 버전이다. 산미구엘은 현재 독일, 오스트리아, 스위스 등 35개 이상의 국가에 수출되고 있는 필리핀의 대표 맥주다.

제품명 레드 독Red Dog

생산지 미국　**스타일** 아메리칸 애드정트 라거　**전용 잔** 라거 머그

추천 온도 4~7℃　**알코올 도수** 4.8%　**발효 방식** 하면발효

추천 요리 훈제연어, 바비큐, 튀김 요리

리뷰 미국 위스콘신 주에 위치한 밀러의 양조장 중 하나인 프랭크로드 브루어리에서 1990년대부터 생산되기 시작했다. 투명한 금빛 보디의 라거 맥주다. 밀러 제품인 드래프트와 더불어 세계적으로 널리 판매되는 맥주로, 언제 어디서든 어느 음식과 마시기에 전혀 부담이 없다.

제품명 프뤼 퀼시Fruh Kolsch

생산지 독일　**스타일** 퀼시　**전용 잔** 실린더 글라스

추천 온도 9~10℃　**알코올 도수** 4.8%　**발효 방식** 상면발효

추천 요리 치킨, 과일, 감자 요리, 야채

리뷰 독일 바이에른 주의 퀼른 지역을 대표하는 퀼시 맥주로, 1904년에 양조장이 설립되어 2차 세계대전 당시 완전 파괴되었다가 50년대 다시 양조를 시작했다. 은은하고 섬세한 맛과 향을 소유한 상쾌한 맥주다.

check!

라이트 비어Light Beer

일반 맥주보다 알코올 농도와 칼로리가 낮은 맥주를 말한다. 낮은 칼로리와 가볍고 쉬운 목 넘김 때문에 파티용이나 야외 활동에도 좋고, 특히 여성들이 많이 찾는다.

삼겹살 루꼴라 샐러드 Pork belly Rucola Salad

　루꼴라는 이태리 요리에서 피자나 샐러드에 곁들여지는 특유의 독특한 향을 가진 채소다. 바삭하게 구워낸 삼겹살과 발사믹 드레싱을 얹어 상큼한 루꼴라로 만든 샐러드는 애피타이저로는 물론 한 끼 식사로도 손색이 없다. 샐러드의 풍부한 비타민과 삼겹살의 지방과 단백질이 밸런스를 이뤄 맥주와 함께하기에도 최고의 요리다.

　샐러드에 포커스를 두어 페어링을 해도 좋고 돼지고기에 맞는 맥주를 선택해도 좋다. 엠버 에일, 필스너, 비터, 브라운 에일, 헤페 바이젠, 둔켈 바이젠, 바이젠 복, 헬레스 라거 등과 페어링하여 즐기기를 추천한다.

삼겹살 루꼴라 샐러드와 가장 어울리는 맥주는?

제품명 민타임+ 야키마 레드Meantime Yakima Red

생산지 영국 **스타일** 엠버 에일 **전용 잔** 고블릿 글라스

추천 온도 9~13℃ **알코올 도수** 4.1% **발효 방식** 상면발효

추천 요리 햄, 돼지고기, 매운 요리, 치즈

리뷰 독일, 영국산 몰트와 미국 워싱턴 주 야키마 밸리의 5종의 홉을 사용하여 만들었다. 열대 과일 향, 자몽, 감귤의 향이 절제된 홉의 쌉쌀함과 어우러지는 진한 루비색 보디의 매력적인 맥주다.

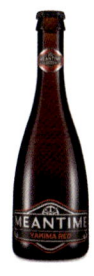

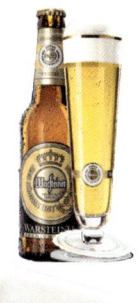

제품명 바르슈타이너 프리미엄 베룸Warsteiner Premium Verum

생산지 독일 **스타일** 독일 필스너+ **전용 잔** 필스너 글라스

추천 온도 7~9℃ **알코올 도수** 4.8% **발효 방식** 하면발효

추천 요리 치킨 요리, 애피타이저, 샐러드

리뷰 독일 필스너 스타일 맥주 가운데 판매량이 높은 맥주 중 하나다. 독일인들에게 많은 사랑을 받는 필스너 맥주로 풀, 허브, 곡물, 몰트의 아로마가 교묘하게 조화된다. 미세한 단 비스킷, 몰트, 곡물의 맛과 홉의 쌉쌀함이 잘 믹스된 목 넘김이 좋은 맥주다.

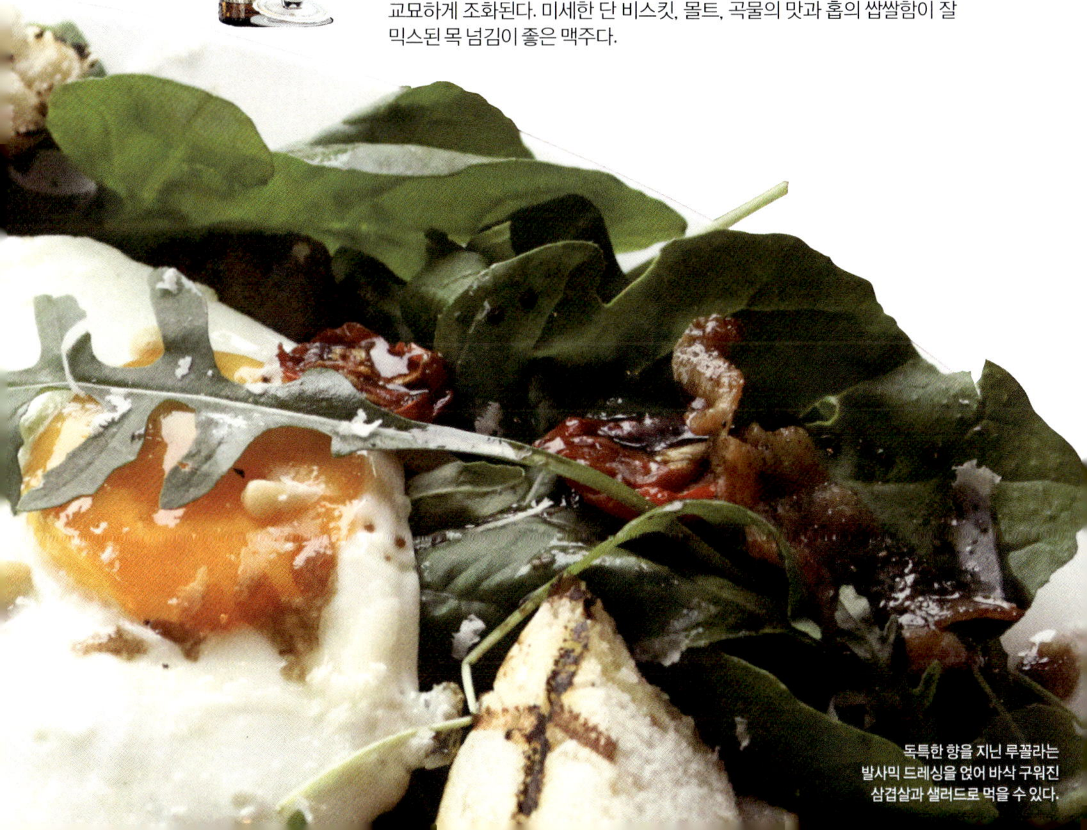

독특한 향을 지닌 루꼴라는
발사믹 드레싱을 얹어 바삭 구워진
삼겹살과 샐러드로 먹을 수 있다.

제품명 크롬바커 필스Krombacher Pils

생산지 독일   **스타일** 필스너   **전용 잔** 필스너 글라스

추천 온도 7~9℃   **알코올 도수** 4.8%   **발효 방식** 하면발효

추천 요리 치킨 요리, 애피타이저, 돼지고기

리뷰 엷은 황금색 보디에 알맞은 헤드가 형성되는 독일 필스너 맥주다. 몰트와 연한 홉, 비스킷의 맛과 아로마가 느껴지며, 일반적인 독일 필스너 맥주보다 홉의 쓴맛이 적은 라이트 보디의 부드러움을 지녔다.

제품명 바이엔슈테판 필스Weihenstephaner Pils

생산지 독일   **스타일** 필스너   **전용 잔** 필스너 글라스

추천 온도 7~9℃   **알코올 도수** 5.1%   **발효 방식** 하면발효

추천 요리 치킨 요리, 애피타이저, 연어

리뷰 체코에 필스너 우르켈이 있다면, 독일에는 바이엔슈테판 필스너가 있다. 진한 할러타우 홉의 쌉쌀한 맛과 향이 어우러져 신선한 청량감을 준다. 상큼한 꽃향기를 피니시에서 느낄 수 있어 갈증 해소와 기분전환에 좋은 전통적인 독일식 필스너.

check!

민타임 브루어리MEANTIME Brewery

25년이라는 짧은 역사를 가졌지만, 런던에서 가장 핫한 크래프트 비어 브루어리로 떠오르고 있다. 양조장이 만들어진 곳이 런던의 그리니치 지역이어서 민타임이라는 브랜드 명을 택했다고 한다. 세계 시계의 표준이 되는 그리니치 표준 시간처럼 맥주의 표준이 되고자하는 포부를 가진 브루마스터 알라스테어 훅은 전통에 혁신을 더한다는 기업 사명으로 독창적인 레시피의 한정판 맥주를 지속적으로 선보이고 있다.

독일 필스너 German Pilsner

연한 황금빛을 띠며 보통 헤드가 풍성하고 두껍게 형성된다. 19세기 독일에서 필스너가 큰 유행을 끌면서 유럽 전역으로 퍼져나갔다. 체코 필젠 지방의 필제너, 필스너와 표기 때문에 오랜 법정 공방을 펼치기도 했다. 지금은 '필스너'가 맥주의 한 스타일이라고 판결이 났으나, 독일의 양조업자들 역시 체코 필스너와의 혼동을 피하기 위해 줄여서 '필스ᴾᴵᴸˢ'라 많이 표기한다. 체코 필스너와 비교해 홉의 쓴맛이 약해 부드러운 맛을 좋아하는 이들에게 사랑받고 있으며, 대표 맥주는 바이엔슈테판 필스, 크롬바커 필스, 비트부르거 필스 등이 있다.

4. 하루 비타민을 담은 한 접시

연어 샐러드 _{Salmon Salad}

연어 샐러드는 신선한 야채에 연어를 곁들인 샐러드로, 비타민 A와 D가 풍부하고 단백질과 불포화 지방도 함유되어 있어 영양 밸런스가 아주 좋은 음식이다. 연어라 하면 와인과의 페어링을 먼저 떠올리는 사람들이 많겠지만, 맥주와의 궁합도 환상적이다.

블론드 에일, 둔켈 라거, 포터, 필스너, 페일 에일, 위트 에일 등과 함께 먹으면 맥주의 맛도 살려주고 요리의 맛은 더욱 배가 된다. 멋진 조합이니 꼭 한번 경험해 보라.

연어와 싱싱한 야채가 만났다.
풍부한 영양소 섭취는 물론
깔끔한 맛에 자꾸 손이 간다.

제품명 와바 둔켈Waba Dunkel

생산지 독일 　**스타일** 둔켈 라거* 　**전용 잔** 둔켈 글라스

추천 온도 7~9℃ 　**알코올 도수** 4.9% 　**발효 방식** 하면발효

추천 요리 나쵸, 퀘사디야, 피자, 파스타, 훈제연어

리뷰 와바 둔켈은 독일의 맥주생산량 1위를 자랑하는 웨팅어 브루어리에서 위탁 생산되는 독일 정통 프리미엄 흑맥주다. 부드럽고 경쾌한 과일 맛으로 시작하여 구수한 몰트 향과 캐러멜 향의 피니시를 갖는다. 흑효모를 필터링하지 않은 중후한 맛의 깊이가 있는 맥주다.

제품명 민타임 런던 포터Meantime London Porter

생산지 영국 　**스타일** 포터* 　**전용 잔** 에일 글라스

추천 온도 9~10℃ 　**알코올 도수** 6.5% 　**발효 방식** 상면발효

추천 요리 치킨, 햄, 돼지고기, 치즈, 훈제연어

리뷰 19세기의 전통적인 포터 레시피로 만들어진 클래식한 포터로, 8종류의 몰트가 사용되었다. 초콜릿과 커피 향에 진한 몰트와 빵 맛이 복합적이면서도 오묘하게 잘 어우러지는 1800년대의 런던 스타일의 맥주다.

연어 샐러드는
맥주 본연의 맛을 살려주는
최고의 요리로 꼽힌다.

제품명 코로나 엑스트라 Corona Extra

생산지 멕시코   **스타일** 아메리칸 애드정트 라거   **전용 잔** 라거 머그

추천 온도 3~5℃   **알코올 도수** 5.0%   **발효 방식** 하면발효

추천 요리 훈제연어, 바비큐, 피자

리뷰 멕시코를 대표하는 라거 맥주로, 라임이나 레몬 조각과 함께 차갑게 해서 마시는 청량감 있는 상큼한 맥주다. 미세한 몰트와 옥수수의 향이 나며, 전용 잔에 따라 마시기도 하고 아이스 버킷에서 병째로 꺼내 마시면 운치 있는 야외 파티용 맥주로도 적합하다.

제품명 라 쇼페 La Chouffe

생산지 벨기에   **스타일** 스트롱 페일에일   **전용 잔** 에일 글라스

추천 온도 13~16℃   **알코올 도수** 8.0%   **발효 방식** 상면발효

추천 요리 견과류, 빵, 치즈, 홍합 요리, 훈제연어

리뷰 이스트, 몰트, 홉, 과일, 향신료의 아로마가 교묘하게 조화되는 탁한 밀색 보디의 맥주다. 단맛과 쓴맛의 적절한 조화가 맛을 더해주며, 적당한 탄산의 미디엄 보디로 입안에서의 풍미가 아주 훌륭하다.

check!

둔켈 라거Dunkel Lager

둥클레스Dumkels라고도 표기되는데, 영어 Dark의 의미로 어두운 색깔의 라거를 통칭하기도 한다. 보통 짙은 색깔의 맥주는 모두 에일로 생각하기 쉽지만, 둔켈 라거는 에일보다 더 짙은 보디색을 띤다. 대표적인 맥주는 벡스 다크, 아사히 블랙, 에딩거 둔켈 등이 있다.

포터Porter

런던 고유의 스타일로 한때 사라졌다 최근에 다시 부활해 주목받고 있는 맥주로, 불에 많이 볶은 몰트로 만들어 짙은 갈색 또는 검은색을 내는 것이 특징이다. 1730년대 런던에서 처음 제조되었으며 런던 부두, 시장 중심부의 짐꾼(porter)들 사이에서 인기를 끈 데서 그 이름이 유래했다고 한다. 풀러스 런던 포터, 트레디셔널 포터, 로우그 모카 포터 등이 있다.

5. 맥주의 숨은 향과 맛을 끌어내 줄

과일 디저트 Fruits

과일은 입안을 상큼하게 해주며, 포만감도 적고 자극적이지 않다. 게다가 과일마다 은은한 향이 있어, 맥주와 너무나 잘 어울리는 메뉴 중 하나다. 배는 부르고, 맥주만 마시기에는 왠지 허전할 때 과일만큼이나 좋은 것은 없다.

프룻 에일, 람빅*, 헤페 바이젠, 화이트 비어 등과 함께하면 맥주에 숨어 있는 오묘한 과일 향과 풍미를 더욱 살려줄 것이다.

제품명 휘슬러 그레이프프루트 에일Whistler Grapefruit Ale
생산지 캐나다 　**스타일** 프룻 비어 　**전용 잔** 파인트 글라스
추천 온도 7~10℃ 　**알코올 도수** 5.0% 　**발효 방식** 상면발효
추천 요리 디저트, 빵, 치즈, 과일
리뷰 말린 자몽 껍질과 천연 자몽 주스, 스털링 홉, 윌래매트 홉으로 잘 균형 잡힌 맥아 향을 근간으로 한 캐러멜 향과 자몽, 고수의 맑고 상쾌한 아로마가 인상적이다. 미디엄 보디의 여름철에 어울리는 청량감 있는 에일이다.

제품명 리프만 프루티제Liemans Fruitesse
생산지 벨기에 　**스타일** 프룻 비어 　**전용 잔** 에일 글라스
추천 온도 9~10℃ 　**알코올 도수** 4.2% 　**발효 방식** 상면발효
추천 요리 빵, 치즈, 과일, 후식용
리뷰 벨기에의 대표적인 람빅 맥주로 상온에서 오랜 기간 발효를 거친 맥주다. 달콤한 체리, 딸기 향이 지배적이다. 단맛과 신맛이 적당한 양의 탄산과 잘 조화되며 다소 크리미한 느낌이 드는 과일 맥주다.

제품명 민타임 라즈베리 윗MEANTIME Raspberry Wheat
생산지 영국 　**스타일** 프룻 비어 　**전용 잔** 에일 글라스
추천 온도 9~10℃ 　**알코올 도수** 5.0% 　**발효 방식** 상면발효
추천 요리 빵, 치즈, 과일, 카레, 쿠키
리뷰 연한 홉과 밀 몰트를 베이스로 하여 숙성과정에서 신선한 라즈베리 퓨레가 첨가되어 상큼한 과일의 풍미와 색상이 진하게 살아있다. 산미와 달콤함의 밸런스가 좋아 식전 또는 식후에도 다양한 음식과 페어링이 좋은 맥주다.

비타민 가득한 상큼한 과일은 맥주에 숨어져 있는 깊은 맛을 이끌어내 주는 최고의 비어-푸드 페어링이다.

제품명 마리아치|Mariachi
생산지 터키　**스타일** 플레이버드 비어　**전용 잔** 파인트 글라스
추천 온도 4~6℃　**알코올 도수** 4.2%　**발효 방식** 하면발효
추천 요리 훈제연어, 치킨, 양꼬치, 과일
리뷰 에페스와 더불어 터키를 대표하는 맥주로, 테킬라의 주원료인 아가베 선인장과 레몬의 아로마를 동시에 느낄 수 있다. 상큼하고 경쾌한 코로나에 레몬을 넣은 듯한 맛이 나며, 부드러운 입감과 적당한 탄산 함량으로 목 넘김이 아주 좋은 여름에 어울리는 맥주다.

제품명 프뤼 라들러|Fruh Radler
생산지 독일　**스타일** 퀼시　**전용 잔** 실린더 글라스
추천 온도 3~5℃　**알코올 도수** 2.5%　**발효 방식** 하면발효
추천 요리 과일, 디저트, 샐러드, 햄버거
리뷰 독일 바이에른 주의 쾰른 지역을 대표하는 퀼시 맥주의 저알코올 라들러 버전이다. 저알코올에 저탄산으로 부담 없는 목 넘김으로 마시기 쉽다. 레몬 향과 맥주의 몰트 맛이 은은하게 잘 어울리는 여름 혹은 야외 활동에 잘 어울리는 상큼한 맥주다.

check!

람빅|Lambic
16세기 벨기에 브뤼셀에서 처음 양조된 것으로 알려져 있는 상온 발효 맥주다. 발효 과정에서 공기 중에 노출시켜 인공 배양된 효모가 아닌 야생효모를 이용하는 데 나무 캐스크 안에서 자연 발효시켜 길게는 2~3년 동안의 숙성 과정을 거친다. 오래된 홉을 이용해 쓴맛을 줄인 것이 특징이다. 대표적인 맥주는 린데만스 프람브와즈, 린데만스 파로, 리프만 프루티재 등이 있다.

라들러|Radler
독일 남부지방에서 즐겨 마시는 맥주를 레모네이드와 혼합한 저알코올음료다. 독일어로 자전거(Fahrrad, 줄여서 Rad)를 타는 사람이라는 뜻으로, 마신 후에도 자전거를 탈 수 있다는 뜻에서 유래했다. 야외활동을 할 때 갈증을 해소해주고 시원함을 즐기기에 안성맞춤이며, 알코올 도수도 낮아 가볍게 즐기기에도 좋은 맥주다.

맛있는 맥주를 더 맛있게 해줄 멋진 요리들과 그에 어울리는 맥주들에 대해 살펴보았다. 다시 말하지만 맥주의 가장 좋은 페어링은 함께해서 즐거운 사람들이다. 좋은 맥주와의 멋진 페어링을 위해서 도움을 주시고, 정성 어린 요리를 만들어주신 여러 셰프님들과 〈드 까르멜릿〉, 〈피피케이 키친〉, 〈미쓰타이〉, 〈와바〉 본사 관계자분들께 다시 한 번 감사의 말씀을 드린다. 끝으로 셰프님들의 간략한 소개를 담아 본다.

최재혁
현재 〈드 까르멜릿〉 헤드 셰프
이탈리아 파르마 요리학교 ALMA 졸업
미슐랭 2Star의 이탈리아 토리노 〈Dolce still novo〉 근무
이탈리아 피렌체 〈Hotel Villa La Vedetta〉 근무

박필관
현재 〈피피케이 키친〉 오너 셰프
오산대학교 조리학과 출강
청학요리대회 금상 수상
두바이 LG 글로벌 홈 셰프 어워드 스마트 셰프상 수상
에드워드 권의 예스 셰프 시즌 1 출연
농림축산식품부 주최 '떡볶이 페스티벌' 총괄 셰프
서울 프라자 호텔 근무

강태진
현재 〈미쓰타이〉 헤드 셰프
태국 레스토랑 헤드 셰프로 태국 요리사들과 근무
요리 경력 21년의 베테랑 셰프

맥주야, 대답해줘 Ⅱ

Q 차가운 맥주가 없을 때, 그냥 꾹 참아?

참지 말자. 불과 15분 만에도 차가운 맥주를 맛볼 수 있다. 차가운 맥주가 없을 때 급속으로 맥주를 차갑게 하는 방법이 있다.

먼저 쿨링 버킷 대접에 얼음과 물을 넣고 맥주를 완전히 잠기게 하여 2분 정도만 계속 돌려주면 금세 차가운 맥주를 즐길 수 있다. 여기서 포인트는 맥주를 계속 돌려줘야 한다는 것이다. 맥주를 돌리면 찬물과 닿은 맥주캔(병)의 맥주와 중심의 맥주가 계속 순환하여 빨리 차가워질 수 있다. 또 하나는 젖은 손수건이나 행주 등에 찬물을 충분히 적셔 맥주병을 감싼 후, 냉동실에 넣자. 330mL 병맥주 기준으로 15분 정도만 지나면 아주 차가운 맥주를 마실 수 있다. 여기서 조심해야 할 것은 15분 후에 반드시 꺼내야 한다는 것! 다른 일을 하다 맥주를 깜빡해 버리면 맥주가 꽁꽁 얼어버려 못 마실 수 있으며, 더한 경우 병이 깨져 위험할 수 있다.

Q 음주 운전 사고 시 술을 판 사람도 처벌?

우리나라 이야기는 아니지만 미국에서는 그렇다. 미국에서는 드램샵 로Dramshop Law라고 하여 음주 후 귀가 시에 음주운전 사고가 발생하면 펍이나 레스토랑에서 술을 제공한 웨이터, 매니저, 운영자까지 연대하여 피해에 대한 책임을 묻는 법이 있다. 업장의 매출을 올리기 위해서 무제한으로 술을 판매하는 행위를 차단하는 조치이다.

Q 다양한 맥주를 즐기려면 역시 독일 맥주?

미국의 맥주 양조장의 수는 2013년 12월 기준 2,722개에 이른다. 독일은 1,250여 개, 일본은 250여 개의 크고 작은 다양한 지역 맥주 양조장들이 있다. 이에 비해 연간 맥주 시장 규모 4조 원의 우리나라는 지금까지 오비와 하이트라는 두 개의 대기업에 의해서 98% 이상의 맥주가 생산되었다. 당연히 다양성은 찾아볼 수 없는 생산자 위주의 제조와 생산 단가가 낮고 유통이 편한 저급 맥주만이 생산될 수밖에 없는 구조적인 문제를 가지고 있었다. 2014년 3월 주류법 시행령의 일부 개정으로 인해 다소 중소기업의 진입 문턱을 낮추었다고는 하지만 아직까지는 걸음마 단계다. 초기 투자비, 세금 등의 이유로 중소기업의 진입 장벽이 너무 높고, 이미 대기업의 힘에 움직일 수밖에 없는 주류 도매상을 통해서만 유통할 수 있는 구조적인 문제로 인해 중소양조장의 갈 길은 멀기만 하다. 수입 맥주의 경우는 해외 통상 마찰을 우려하여 주류 도매상을 거치지 않고도 수입업자가 직접 유통을 할 수 있지만 국산 맥주의 경우는 반드시 주류도매상을 거쳐야만 하는 불평등한 구조로 주류 도매상의 영업마진이 판매가에 포함되는 복잡한 유통단계로 인하여 가격 경쟁력을 잃게 된다. 이에 따라 우리 맥주의 다양성을 기대하기가 쉽지 않다.

Q 맥주 1인당 소비 세계 1위는 당연히 독일?

맥주 하면 독일을 떠올리지만 맥주 소비 1위의 국가는 독일이 아닌 체코다. 체코의 물보다 싼 맥주 가격으로 인해 맥주 소비를 부추기고 있는 것이다. 2013년 4월 기준 1인당 맥주 소비 세계 순위를 보면 다음과 같다.

| 1인당 맥주 소비 세계 순위 |

그 외에 12위 미국–78L, 13위 벨기에–78L, 18위 영국–74L 등이 순위에 올라 있다.

Q 맥주 정당이 있다?

1990년에 폴란드에서 설립된 '폴란드 맥주 사랑당'은 독한 보드카 마시기를 그만하고 맥주를 마시며 알코올중독을 방지하자는 시민운동 개념의 취지로 설립되었다. 기존의 정치에 염증을 느낀 많은 국민들의 지지를 얻어 1991년 무려 16석의 국회의원을 배출하는 데 성공했다. 또한 러시아에서도 1994년 인종, 종교 등에 관계없이 맥주를 사랑하는 사람들의 권리를 보호하자는 취지로 '러시아 맥주 사랑당'이 설립되어, 5만여 명의 당원들이 활동했으며, 맥주에 부과되는 세금을 내리도록 정부에 로비 활동을 벌여 질 좋은 맥주를 생산하고 환경 보호 문제에도 앞장섰다.

맥주 자투리 이야기

1 맥주 사러 어디로 가지? / 국내 맥주 구입처 안내

최근 들어 대형마트를 중심으로 수입 맥주 판매가 꾸준히 증가하고 있다. 대형마트 중에서는 홈플러스의 맥주 라인업이 전반적으로 이마트나 롯데마트에 비해 다양하며, 그 뒤로는 이마트와 롯데마트 순이다. 회원제 할인마트인 코스트코의 경우 가격 면에서 다소 우위에 있지만, 박스 단위로 구매해야 하고 맥주의 종류가 다소 제한적이어서 다양한 맥주를 원하는 맥주 마니아들에게는 크게 인기를 끌지는 못하고 있는 듯하다.

그 외에 신세계 백화점 지하 식품매장과 청담 SSG 푸드마켓 등이 다양한 마니아층을 겨냥한 맥주를 구비하고 있으며, 수입 맥주의 인기로 수입 병맥주를 전문적으로 판매하는 소매점인 보틀숍들도 여러 군데 생겨났다. 그중에서 추천할만한 구입처를 소개하면 다음과 같다.

우리 슈퍼

🏠 서울시 용산구 이태원동2동

☎ 02-798-7367

🕐 09:00~02:00

동네의 작은 가게들이 편의점이나 대형마트에 밀려 거의 문을 닫고 있는 요즘, 경리단길 부근 좁은 골목길에 위치한 〈우리 슈퍼〉는 맥주 마니아들에게는 거의 성지와도 같은 곳이다. 쉽게 지나쳐버리기 쉬운 허름한 외관의 흔한 동네 슈퍼마켓이지만, 내부에 들어가 보면 맥주 애호가들을 단박에 사로잡을 신세계가 펼쳐진다. 여느 보틀숍을 능가하는 다양한 라인업의 맥주들이 냉장고에 가득하

고, 진열 선반 위에는 맥주를 비롯하여 와인, 위스키, 막걸리, 소주까지 취급하고 있는 주류의 가지 수만 해도 300여 가지에 이른다.

항상 미소를 잃지 않고 친근하게 젊은 손님들을 맞아주는 노부부의 따뜻함 때문에 많은 단골들이 오랫동안 이곳을 찾고 있다. 지방의 단골손님이 쓴 손편지를 보여주며 손님에 대한 감사와 보람을 매번 느낀다는 사장님의 모습에서 따뜻한 인간미가 느껴진다. 맥주를 좋아하는 사람이라면 한 번쯤 꼭 들러야 할 곳이다.

더 보틀숍 The Bottle Shop

🏠 서울시 용산구 이태원동 707(녹사평대로54길 13)

☎ 02-797-6425

🕐 평일 15:00~23:00 / 토, 일 13:00~23:00

젊은 맥주 애호가들의 핫플레이스로 급부상하고 있는 경리단길 부근. 〈맥파이〉, 〈더부스〉, 〈우리 슈퍼〉 등이 있는 작은 골목에 자리 잡은 맥주 전문숍이다. 유학파 사장님이 운영하는 〈더 보틀숍〉은 120여 종의 맥주를 취급하고 있으며, 그중 90% 이상이 에일 맥주인 에일 맥주 전문숍이다.
이곳은 단순히 맥주를 파는 소매점이 아닌 손님의 취향에 따라 맥주를 추천해주는 것으

로 유명한데, 직원들도 단순히 손님이 사려는 맥주를 계산만 하지 않고 손님에게 맥주의 맛과 상식을 안내하고 취향에 따른 맥주 선택을 도와주는 맥주 전문가들이다. 이런 직원들의 교육을 위해 소비되는 맥주만 해도 그 비용이 만만치 않다고 한다.
위치의 특성상 손님의 절반 이상이 외국인이며, 그중 40% 이상이 여성일 정도로 여성 손님들이 많다. 여성들은 주로 독한 술보다 순한 맥주를 좋아하고 특히 맛과 향에 민감하기 때문에 에일 맥주를 전문적으로 취급하는 이곳을 많이 찾는다.

더 보틀숍(성남) The Bottle Shop

🏠 경기도 성남시 수정구 신촌동 117-6(신촌로 3) 102호

☎ 031-756-5800

🕐 평일 13:00~22:00 / 주말 11:00~22:00 / 월요일 휴무

〈더 보틀숍〉은 성남에 현직 바리스타와 소믈리에가 힘을 합쳐 오픈한 맥주 전문숍이다. 숍을 열기 전, 이들은 여러 보틀숍을 방문했는데 다양한 맥주가 있었지만 정작 맥주에 대한 설명과 안내가 없어 많은 아쉬움을 느꼈다고 한다. 이를 계기로 손님 서비스에 자신이 있던 두 사람이 의기투합하여 맥주만 파는 것이 아닌 맥주 문화를 전파하는 전문맥주 보틀숍을 오픈했다.

이곳은 미국 마이크로 브루어리와 벨기에 트라피스트를 기반으로 한다. 미국, 벨기에의 라인업을 바탕으로 현재 100여 종의 맥주 라인업을 갖추고 있으며, 모든 맥주는 두 오너의 테이스팅을 거친 후 대중성과 전문성을 고려해 선택된다. 국내에서는 마이크로 브로어리 맥주가 아직 생소한 면이 많다. 이 때문에 손님에게 맥주를 알리고 손님과 오너 간의 소통을 활성화하기 위한 방법으로 '더 보틀숍'이라는 네이버 커뮤니티 카페를 운영하고 있으며, 직접 오프라인 매장을 찾지 않더라도 카페 내에서 리스팅된 모든 맥주의 정보를 한눈에 볼 수 있도록 링크되어 있다. 또한 매일매일 상품에 대한 정보가 즉각적으로 업데이트되고 있어 기존의 숍들보다 손님들의 요구에 맞는 합리적인 가격과 트렌디한 상품구성으로 운영되고 있다.

두 명의 대표 모두 사람을 좋아하여 그들의 진심 어린 서비스를 매장에 들어서면 바로 느낄 수 있다. 이곳을 찾는 또 다른 재미가 있으니, 바로 바리스타 오너가 매일 자체 로스팅한 신선한 원두로 만든 더치커피를 무료로 즐길 수 있다는 것이다. 꼭 맥주 구매 목적이 아니더라도 가끔 들러 이런저런 얘기도 나눌 수 있는 편한 장소가 되었으면 하는 생각에 더치커피 서비스를 시작하게 되었다고 한다. 대표는 손님들 사이에서 맥주보다 무료로 제공하는 더치커피가 더 유명해졌다며 너스레를 떨기도 했다.

이곳의 또 다른 특이점은 일주일에 한 번 강북 분당권까지 직접 배달 서비스를 한다는 것이다. 번화한 상권에 위치한 곳이 아니라 교통이 다소 불편하여 자가용을 이용하지 않고 이곳을 찾는 손님들이 무거운 맥주를 들고 돌아가기가 불편하기에 손님들에게 감사의 뜻으로 배달을 시작하게 되었다고 한다. 현재 운영 중인 숍의 활성화는 물론이고 마이크로 브루어리의 맥주들이 일반 소비자에게도 널리 알려졌으면 하는 바람을 갖고 있는 두 대표는 가까운 시일 안에 〈더 보틀숍〉의 이미지와 철학이 그대로 투영된 펍 오픈도 예정하고 있다.

보틀 원 Bottle One

🏠 서울시 마포구 동교동 113-85(연희로 23)

☎ 070-4062-7138

🕐 평일 17:00~22:00 / 토요일 15:00~22:00 / 일요일 15:00~21:00

지하철 2호선 홍대입구역 3번 출구로 나와 큰길을 따라 조금 걷다 보면 특이한 간판의 〈보틀 원〉이 나온다. 홍대 핵심 상권에서 많이 벗어나 있음에도 불구하고 이미 맥주 애호가들 사이에서는 모르는 사람들이 없을 정도로 잘 알려진 곳으로 꾸준히 손님들이 드나들고 있다. 이곳의 대표는 여기서 50여 미터 떨어진 곳에서 〈크래프트 원〉 수제 맥주 전문 펍을 함께 운영하고 있다.

〈보틀 원〉은 60여 종의 맥주를 취급하고 있는데, 다른 숍들에 비해 맥주의 구성은 적은 편이나 맥주의 가지 수보다는 이곳 대표가 맥주 애호가들에게 소개해 주고 싶은 특별한 맥주들 위주로 라인업이 구성되어 있다. 특히, 퓰러스 병 제품을 독점으로 취급하고 있는데 이 때문에 연희동 근처에 살고 있는 외국인들과 지역 주민들은 물론 멀리서 찾아오는 손님들도 많다.

하든 슈퍼마켓 Haddon Supermarket

🏠 서울시 성동구 옥수동 220-1(독서당로 156)

☎ 02-794-0511

🕐 08:30~21:00

옥수동 주택가에 동네 슈퍼마켓치고는 간판부터 뭔가 심상치 않은 슈퍼마켓이 있다. 영어로 된 간판에는 〈Haddon Supermarket〉이라고 적혀있어 한눈에 봐도 인근 주변 외국인들이 많이 찾는 곳임을 짐작할 수 있다. 주변 한남동 지역의 외국인들이 많이 찾아서 그런지 여느 동네 슈퍼와는 전반적인 상품 구성도 많이 다르며, 특히 다양한 맥주 라인업은 대형마트나 보틀숍들이 부럽지 않을 정도다. 이미 인터넷 커뮤니티에서 알만 한 사람들은 다 알고 있는 맥주 명소 중 하나가 되었다. 이곳에서 취급하는 맥주는 현재 150여 종이지만 국내에 수입되는 거의 모든 맥주를 취급해보고 싶다는 꿈을 가진 사장님은 〈하든 슈퍼마켓〉이 우리나라 맥주 대중화에 있어 한 역할을 했으면 하는 바람을 전했다.

골메이 마켓 Gourmet Market

🏠 서울시 마포구 서교동 411-17(와우산로15길 19)

☎ 02-322-0362

🕐 12:00~24:00 / 월요일 휴무

상수역과 가까운 상권에 자리 잡은 〈골메이 마켓〉도 맥주 참새들이 지나쳐 가기 힘든 방앗간이다. 외국 상점에 들어온 듯한 분위기의 이곳은 취급하는 맥주 종류만 120여 가지가 넘는다. 와인 등 다른 주류까지 합하면 그 선택의 폭은 더욱 커진다.

이곳을 찾는 손님들을 사로잡는 매력 중 하나는 바로 가게 앞의 시원한 테라스다. 가게에서 구매한 맥주를 바로 앞의 예쁜 테라스에서 즐길 수 있다는 것이 여간 큰 매력이 아닐 수 없다. 보통 편의점 앞 파라솔 테이블에서 간단히 마시는 맥주를 '길맥(길거리에서 마시는 맥주)'이라고 하는데, 이곳의 길맥은 한 차원 업그레이드 된 길맥이다. 웬만한 셀프형 수입맥주전문점에서도 찾기 쉽지 않은 맥주들이 다양하게 구비되어 있으면서 가격 또한 저렴하다. 같은 맥주 6병을 구매하면 5% 할인 또는 전용 잔이 있는 경우 전용 잔을 얻을 수 있는 것도 이곳만의 장점. 맥주와 함께 판매하는 수입과자나 50여 종의 치즈, 살라미, 초리소홀, 올리브 등과 함께 맥주를 마시면 웬만한 펍이 부럽지 않다. 테라스에 앉아 수시로 드나드는 외국인들을 보고 있노라면 마치 외국 여행을 와 노상카페에서 맥주를 즐기는 듯한 착각에 빠지게 된다.

크래프트브로스 Craftbros

🏠 서울시 서초구 반포동 106-7(사평대로22길 18)

☎ 02-537-7451

🕐 15:00~23:00

와인숍들과 이자카야가 주를 이루던 서래마을 상권에 자리 잡은 맥주 보틀숍으로, 12종의 탭을 보유한 탭하우스와 나란히 운영되고 있다. 100여 종의 수입 병맥주 제품을 취급하고 있으며, 크래프트 맥주 위주의 구성으로 마니아층을 겨냥한 맥주들은 물론, 대중적으로 사랑받는 맥주들까지 다양한 라인업을 자랑한다. 서래마을을 찾는 손님들의 각양각색의 입맛을 충분히 만족시켜 줄 수 있는 맥주들을 저렴하게 제공하고 있다.

현재는 100여 종의 맥주를 구비하고 있으나 앞으로 그 수를 점점 더 늘려나가 200여 종의 크래프트 맥주를 구비한 국내 최고의 보틀숍을 목표로 하고 있다. 보틀숍에서 구매한 병맥주는 옆의 탭하우스 매장에서 글라스차지 2,000원을 더 지불하고 테이블에 앉아 즐길 수도 있다. 서래마을 인근의 맥주 애호가들이 반포대교를 건너 이태원으로 가지 않고도 다양한 맥주를 즐길 수 있는 강남의 맥주 핫스팟이다.

SSG 푸드마켓(청담점) SSG Food Market

🏠 서울시 강남구 청담동 4-1(도산대로 442) 피엔폴루스

☎ 1588-1234

🕐 10:30~22:00

〈SSG 푸드마켓〉 청담점에 가면 시원하게 냉장 보관되어 있는 마니아층을 겨냥한 다양한 맥주를 만나볼 수 있다. 보통 대형마트들이 대중적인 몇 가지만 냉장 보관하고 나머지는 상온 진열대에 보관하는 것에 비해 이곳은 좀 더 다양한 맥주를 냉장 코너에서 찾을 수 있다. 꼭 맥

주 구매가 아니어도 매장을 구경하는 재미가 있으며, 식료품은 물론이고 아기자기하고 예쁜 생활용품들이 많아 여성들이 즐겨 찾는 곳이다.

2 맥주야, 놀자 / 국내에서 즐기는 다양한 맥주 행사

맥주 동호회 '맥주야놀자' 맥주 축제

네이버 카페 '맥주야놀자'는 세계맥주동호회로 우리나라의 건전한 맥주 문화 정착을 위해 선구자적인 역할을 담당하고 있다. 맥주의 맛을 제대로 알고 하나의 문화로써 맥주를 즐기려는 사람들이 모인 이곳은 '부어라, 마셔라' 식의 음주 문화를 지양하고, 다채로운 맥주를 좋은 사람들과 즐겁게 즐기는 것을 목표로 하고 있다.

분기별로 100여 명 정도가 참여하는 정기모임은 수입 맥주 수입사들과 대형 펍의 후원으로 진행되며, 20~30여 명 규모로 후원 맥주 시음회, 펍 후원 번개모임 등을 수시로 진행하고 있다. 또한 50여 명 규모로 후원 펍과 공동으로 진행하는 맥주 할인 행사 역시 틈틈이 열리고 있으며, 온라인상에서도 전용 잔 이벤트, 박람회 초청권 이벤트, 문화행사 공연 입장권 이벤트, 맥주 관련 축제 할인 이벤

트, 회원들 간의 전용 잔 나눔 등 다양한 이벤트가 지속되고 있다. 크고 작은 행사들을 통해 마련된, 그리고 연말에 회원들의 맥주 관련 소장품 경매행사를 통해 마련된 성금, 여기에 모임 후 남은 잔액은 모두 카페 나눔통장을 통해 불우한 이웃을 돕는 데 사용한다.

많은 중소 규모 맥주 수입 업체나 양조장, 크래프트 비어 펍, 맥주 보틀숍 등 관련 업체 관계자들도 카페의 회원으로 있어 항상 소비자와 소통하고 있다. '맥주야놀자'의 회원들은 20~50대의 넓은 연령대의 다양한 직업을 가진 남녀들로 구성되어 있다. 아이디어 닥터 이장우 박사도 감사회원으로 크고 작은 오프라인 행사에 항상 참여해 회원들과 즐거운 시간을 같이 한다.

'맥주야놀자'는 맥주를 모토로 건전한 맥주 문화를 정착하는 역할뿐만 아니라, 회원들 간에 소셜네트워크를 구성해주는, 말 그대로 맥주를 사랑하는 사람들이 모인 최고의 맥주 커뮤니티라 할 수 있다.

코엑스 주류박람회-비어 페스티벌Beer Festival

해마다 4월경에 삼성동 코엑스에서 맥주는 물론 와인, 사케, 전통주 등을 소개하는 주류박람회가 개최된다. 해를 거듭할수록 맥주의 인기가 다른 주류에 비해 가파르게 상승하고 있기 때문에 맥주 회사의 참여가 지속적으로 늘고 있다. 2014년의 경우 약 27개의 업체가 참여하여 120여 종의 다양한 맥주가 시음과 더불어 소개되었다. 25,000원의 다소 부담스러울 수 있는 입장료에도 불구하고 많은 인파가 몰리는데, '맥주야놀자' 네이버 카페 회원들은 수입사 회원들로부터 후원받은 초청권을 받아 박람회를 관람하기도 했다. 저마다 박람회를 즐기는 다양한 풍경을 목격할 수 있어 흥미롭다.

참여 업체에서 제공하는 맥주 전용 잔, 오프너, 코스터 등의 프로모션 아이템들은 물론이고, 맥주에 대한 소개와 강좌가 열리는 작은 클래스도 참가할 수 있다. 수입사 외국인 관계자들도 많이 참여하므로 다양한 맥주를 즐기는 맥주 애호가라면 반드시 참여해 보기를 권한다.

와바-비어 토크Beer Talk

4계절 시즌별로 세계맥주전문점 〈와바〉의 후원으로 맥주에 대한 재미난 이야기를 풀어가는 '와바 비어 토크'는 와바만의 특별한 맥주 행사다. 세계맥주전문점 〈와바〉의 신개념 탭하우스로 새롭게 단장을 마친 여의도 직영점에서, 3M의 아시아지역 총괄 이사를 역임하고 한국 소셜네트워크 협회 회장, World Brand Congress 고문, 한국소비자브랜드 기업분과위원장, 경희대 경영대학 겸임교수,

이화여대 경영대학 겸임교수 등의 화려한 이력을 가진 이장우 박사가 매회 맥주에 관련된 테마를 가지고 이야기를 진행하고 있다.

유익하고 재미있는 맥주에 대한 즐거운 이야기를 비롯하여 모두가 기다리는 맛있는 요리와 다양한 맥주와의 만남 속에 참석자들 모두가 하나 된다. 지금껏 모든 행사가 무료로 진행되었으나, 2014년 7월 행사부터는 소년소녀가장 장학금으로 사용하기 위해 참가비 1만 원을 받고 있다. 행사 참여를 통해 소년소녀가장들을 돕는 좋은 일에 동참하고 멋진 음식과 맛있는 맥주를 즐기며 좋은 사람들과 어울릴 수 있는 뜻깊은 자리. 풍미 깊은 맥주를 한두 잔 기울이다 보면 금세 만난 사이도 오랜 친구처럼 편안한 사이가 되는 특별한 경험을 가져보도록 하자.

워커힐 비어 페어—구름 위의 산책

봄(4월)과 가을(10월) 두 차례에 걸쳐 광진구 쉐라톤 그랜드 워커힐 호텔 벚꽃로 야외에서 비어 페어가 열린다. 토요일, 일요일 양 일간에 걸쳐 개최되는 비어 페어는 100여 종의 수입 맥주 시음은 물론, 맥주를 시중 가격보다 30~40% 저렴하게 구매할 수 있는 특별한 행사다. 봄 행사의 경우는 벚꽃 구경을 보너스로 할 수 있으며, 운이 좋으면 행사 마감 직전 땡처리 가격으로 고가의 맥주를 득템할 수 있는 기회를 얻을 수도 있다. 저렴한 가격에 많은 맥주를 구매해두고자 하는 관람객은 큰 여행 가방을 챙겨 오기도 한다. 또한 SNS(페이스북)를 통해 음료나 아이스크림 쿠폰을 제공하기도 하니 사전에 행사에 대한 내용을 꼼꼼히 챙겨보는 것이 좋다. 다양한

맥주의 시음과 여유 있는 관람을 원하면 토요일 오전에 방문하는 것이 좋고, 마지막 맥주 땡처리 기회를 잡길 원한다면 일요일 오후에 방문하는 것도 한 가지 팁이 될 수 있겠다.

대구—치맥 페스티벌

2013년 7월 대구 두류공원에서 처음 개최된 행사로, 많은 치킨 프렌차이즈 업체들이 참여하는 치킨 & 맥주 행사다. 참여 업체의 치킨, 맥주, 음료 등을 무료 시식 또는 시음할 수 있으며, 저렴한 가격에 즐길 수 있다. 2014년 두 번째로 열린 '치맥 페스티벌'은 국민 모두가 즐길 수 있는 행사로 진행되었는데, (사)한국식품발전협회의 주최로 약 80개

업체, 150여 개 부스가 차려졌다. 치킨업체, 맥주업체, 음료업체 전시관과 지역식품 및 관련 산업 비즈니스관으로 구성되어 성황리에 행사가 마무리 되었다.

젊은이들의 열정과 끼를 발산하는 축제의 장이자 치맥 세대와 기성세대가 함께하는 새로운 축제문화라 할 수 있다. 전야제 파티, 닭위령제, 개막 축하공연 & 파티, 치맥족 오디션, 치맥 Relay concert, 뉴치킨 핫치맥 레이싱 모델 선발대회, 치맥락페, 치맥송 댄스대회, Final Concert, Adieu 치맥파티 등의 다양한 볼거리와 즐길 거리가 있고 관람객들이 직접 참여할 수 있는 치맥 포토 메시지, 치맥 OX퀴즈, 치맥 기네스 닭싸움대회, 치맥 스타 팬사인회, 불닭 빨리 먹기, 커플댄스대회, 맥주 빨리 마시기 등의 다채로운 행사가 마련되어 있어 관람객들의 흥을 더한다.

또한 축제를 통해 지역식품산업 활성화 및 젊은층에게 문화 관광도시 대구 이미지를 제고시키고자 다양한 문화 예술 공연과 체험행사, 시식코너, 이벤트 등이 진행된다.

이밖에 경남 남해시 상해면 독일마을 일대에서 10월에 개최되는 '독일마을 맥주축제'에서는 독일 민속공연, 독일 클래식 공연, 맥주 마시기 대회, 댄스파티, 가면파티, 맥주 만들기 체험, 독일마을 체험, 맥주 족욕 체험, 맥주 및 요리 판매, 아이들을 위한 에어바운스 등 다양한 볼거리와 먹거리, 체험거리가 제공된다.

또한 '부산 센텀 맥주 축제'는 부산 해운대구 센텀시티 KNN 광장에서 6월에 열리는 축제로, 8천 원의 입장료를 내고 행사장에 들어가면 맥주를 무제한으로 즐길 수 있는 플라스틱 컵을 준다. 쿠폰 부스에서 다양한 요리 쿠폰을 먼저 구매한 후에 원하는 부스에서 원하는 요리로 교환하여 여러 나라의 스낵을 요리 삼아 시원한 맥주를 즐길 수 있다. 직장인 회식을 위한 business day, 가족 단위 관람객을 위한 놀이 프로그램, 야외 영화 상영 등이 마련되기도 한다.

3 나만의 맥주 시음회

맥주에 대한 관심이 높아지다 보면, 시음회에 참석해 보기도 또는 집에서 직접 여러 가지 맥주를 놓고 비교해 보고 싶은 욕심이 생기기도 할 것이다. 그런데 시음 목적으로 맥주를 즐긴다면, 평소에 맥주를 즐길 때와는 다소 다른 방법으로 접근할 필요가 있다. 요즈음은 개인 블로그에 맥주에 대한 시음 후기를 올리는 블로거들이 눈에 띄게 부쩍 늘어났다. 맥주에 대해 어느 정도 지식이 생겼다면 나만의 시음기에 도전해 보는 것도 맥주를 즐기는 또 하나의 색다른 재미가 될 것이다.

맥주 시음에 적합한 장소

비어 페스티벌 등의 맥주 행사장이나 파티 장소는 맥주 시음에는 적합하지 않다. 맥주를 시음하기 위해서는 오감이 총동원되어야 하는데 오감을 맥주에만 집중하기 어려운 장소는 피하는 것이 좋다. 강한 음식냄새가 나거나, 담배 연기, 강한 향수 냄새, 소란한 곳, 어두운 곳 등은 피하자. 자연 채광이 충분해서 맥주의 외관을 잘 평가할 수 있고 오감이 방해받지 않는 곳이 적합하다.

시음을 위한 잔 준비

시음을 위해서는 이물질이 남아있지 않은 깨끗한 잔을 사용해야 하며, 사용했던 잔을 다시 사용해서도 안 된다. 많은 잔을 구비해 놓고 시음을 하기 어렵다면 차라리 일회용 투명한 플라스틱 음료 잔을 이용해 새로운 잔으로 바꿔가며 시음하는 것이 좋다. 일회용 종이컵은 컵 특유의 냄새, 과도한 거품 생성, 색감을 느낄 수 없는 등의 이유로 절대로 추천하지 않는다.

시음을 위한 적정온도

맥주의 평가를 위한 시음 목적이라면 평상시에 즐기는 것보다는 다소 높은 온도로 시음하는 것이 훨씬 더 섬세한 평가를 할 수 있다. 라거는 10℃ 내외, 에일은 15℃ 내외에서 시음하는 것이 맥주 본연의 향과 풍미, 입감 등을 더욱 정확하게 느낄 수 있다.

일반적인 시음 방법

여러 가지의 맥주를 동시에 시음할 경우에 향이 가장 약한 맥주부터 시작해서 강한 쪽으로 옮겨가도록 한다. 온도는 위에서 설명한 적정 온도를 지켜주고, 한 번 사용했던 잔은 절대로 다시 사용하지 않아야 한다. 맥주를 시음하는 양은 적더라도 소량의 맥주를 잔에 따라 시음하는 것은 좋지 않다. 잔에 충분히 맥주를 채운 후에 소량의 맥주만 시음하는 것이 더욱 정확한 맛과 향을 감정할 수 있는 방법이다. 또한 시음 시에는 요리를 먹지 않고 생수로 입안을 헹구는 것이 가장 좋다. 맥주를 시음할 때는 술이 취한 상태에서 하면 오감이 둔해지기 때문에 올바른 평가를 할 수 없다. 따라서 시음하는 맥주의 수도 최대 5~6종 정도가 가장 적합하다. 맥주를 시음할 때는 시음 평가 시트를 작성하거나 아니면 간단한 메모를 하면서 시음 내용을 기록하는 것을 권한다.

맥주 시음 평가 시트

시음 일시		시음 장소	
맥주 이름		원산지	
스타일		알코올 도수	
전용 잔		서빙온도	

외관 Appearance

거품 Head

양	조금	( )	보통	( )	풍성함	( )	기타	
조밀도	낮음	( )	보통	( )	조밀함	( )	기타	
지속도	짧음	( )	보통	( )	지속됨	( )	기타	

보디 Body

색깔	옅은 금색	( )	진한 금색	( )	호박색	( )	갈색	( )
	진한 갈색	( )	와인색	( )	흑색	( )	기타	
투명도	투명	( )	보통	( )	탁함	( )	기타	

향 Smell

몰트	약함	( )	보통	( )	강함	( )	기타	
홉	약함	( )	보통	( )	강함	( )	기타	
과일향	약함	( )	보통	( )	강함	( )	기타	
꽃향	약함	( )	보통	( )	강함	( )	기타	
초콜릿	약함	( )	보통	( )	강함	( )	기타	
커피	약함	( )	보통	( )	강함	( )	기타	
허브향	약함	( )	보통	( )	강함	( )	기타	
기타								

맛 Taste

쓴맛	약함	( )	보통	( )	강함	( )	기타	
단맛	약함	( )	보통	( )	강함	( )	기타	
신맛	약함	( )	보통	( )	강함	( )	기타	
끝맛	단맛	( )	보통	( )	쓴맛	( )	기타	

입감 Mouthfeel

탄산	약함	( )	보통	( )	강함	( )	기타	
보디감/점성	라이트	( )	미디어	( )	풀보디	( )	기타	
부드러움	약함	( )	보통	( )	강함	( )	기타	

총평 Overall	

맥주 시음 후기 작성 시 유의사항

맥주의 맛은 주관적이기 때문에 정답은 없다. 내가 느낀 느낌 그대로가 정답이다. 남의 눈치를 볼 필요도 없고, 타인의 시음 후기와 다르다고 걱정할 필요도 없다. 맥주의 맛은 시음 시 몸의 컨디션이나 기분에 따라서도 많이 좌우될 수 있고, 객관적인 수치로 표현할 수 있는 것이 아니기에 어떤 의견도 모두 수용되어야 한다. 다만 맥주를 평가함에 있어서 자신의 취향의 맥주가 아니라는 이유로 '나쁜 맥주'로 평가하는 것은 지양해야 한다. 자신의 입맛에 맞지 않더라도 맥주를 만든 사람들에 대한 최소한의 예의는 갖추는 것이 기본자세다. 시음 환경에 따라 여러 가지 변수로 작용할 수 있는 요인이 있음을 인정하고, 가능하면 맥주에 대한 개인(?) 감정을 배제하고 평가할 수 있도록 하자.

SEE YOU THERE!

펍은 이제 술집이 아닌
커피숍과 경쟁하게 될 것이다

이제 맥주는 술이라기보다 기호 음료다. 업계에 따르면 올해 국내에 수입된 외국 맥주는 400여 종이 넘는다고 한다. 더욱이 2014년 4월부터 개정된 주세법 시행령에 따라 수제 맥주(하우스 맥주) 매장 창업 요건이 간소해져 맥주시장은 더욱 다양해질 전망이다.

저자는 미국과 스위스에서 대학을 마친 후 미국에서 호텔 매니지먼트, 외식 산업 등의 경험을 쌓으며 다양한 맥주의 세계에 눈을 떴다. 맥주에는 소주가 결코 따라올 수 없는 맛과 멋이 있으며, 맛 또한 무궁무진하다. 이젠 대낮에도 맥주 한잔 가볍게 마시며 이야기 나누는 사람들이 늘고 있다. 실제로 이태원을 중심으로 정오만 되면 문을 여는 맥주 전문점들이 증가하고 있는 추세다. 커피숍에서 커피를 마시며 이야기 나누는 것처럼 대낮에 맥주 전문점에서 요리 없이 맥주 한잔 마시며 이야기하는 문화가 나날이 형성되고 있다.

우리나라 맥주시장은 연간 4조 원 규모로 추정되고 있는데 앞으로 더욱 그 규모가 커질 것이라는 데 이견이 없다. 이번에 주세법이 바뀌면서 하우스 맥주의 진입 장벽이 완화됐다지만 하우스 맥주의 유통이 아직은 쉽지 않다. 중소 규모의 다양한 맥주를 살리기 위해선 소비자들이 질 좋은 맥주를 선택해야만 제조자들이 소비자의 요구에 맞춰 더욱 질 좋은 다양한 맥주를 생산해 낼 것이다.

맥주는 이제 하나의 문화로 자리를 잡고 있다. 맥주의 무궁한 세계로의 첫발을 내딛는 입문자들에게 너무 딱딱하고 어렵지 않은, 그리고 주변에 바로 활용할 수 있는 실질적이고 즐거운 정보과 상식을 담으려고 노력했다. 맥주를 사랑하는 이들에게 조금이라도 도움이 되는 입문서가 되기를 소망하며, 단순히 마시고 취하는 것이 아닌 즐기는 성숙한 음주 문화로 나아가기를 바란다.